国家自然科学基金面上项目" 个人所得税改革效应
（项目编号：72073020）重要研究成果

个人所得税
居民行为效应研究

刘永久　著

中国财经出版传媒集团

经济科学出版社
Economic Science Press
北京

图书在版编目（CIP）数据

个人所得税居民行为效应研究／刘永久著． -- 北京 ：经济科学出版社，2024.10. -- ISBN 978 - 7 - 5218 - 6315 - 4

Ⅰ. F812.424

中国国家版本馆 CIP 数据核字第 2024JU5477 号

责任编辑：于　源　陈　晨
责任校对：刘　昕
责任印制：范　艳

个人所得税居民行为效应研究

GEREN SUODESHUI JUMIN XINGWEI XIAOYING YANJIU

刘永久　著

经济科学出版社出版、发行　新华书店经销
社址：北京市海淀区阜成路甲 28 号　邮编：100142
总编部电话：010 - 88191217　发行部电话：010 - 88191522
网址：www. esp. com. cn
电子邮箱：esp@ esp. com. cn
天猫网店：经济科学出版社旗舰店
网址：http：//jjkxcbs. tmall. com
北京季蜂印刷有限公司印装
710 × 1000　16 开　13 印张　200000 字
2024 年 10 月第 1 版　2024 年 10 月第 1 次印刷
ISBN 978 - 7 - 5218 - 6315 - 4　定价：58. 00 元
（图书出现印装问题，本社负责调换. 电话：010 - 88191545）
（版权所有　侵权必究　打击盗版　举报热线：010 - 88191661
QQ：2242791300　营销中心电话：010 - 88191537
电子邮箱：dbts@ esp. com. cn）

前言

Preface

　　居民行为是决定一个国家或者地区经济社会可持续发展的关键因素之一，而个人所得税是调节、引导、激励居民行为的重要政策工具。当前，我国经济社会发展面临着诸多现实问题，需要以居民行为为支撑加以破解。基于国内视角，我国居民"少子化""老龄化"问题逐渐突出，劳动年龄人口下降；劳动力市场存在着"招工难"与"就业难"并存的结构性矛盾；居民消费意愿不足，消费率长期偏低，全面促进消费成为国家双循环战略的重要支撑。基于国际视角，在世界经济低迷、贸易保护主义抬头等多重背景下，国际形势复杂严峻。我国"十四五"规划提出"坚持扩大内需这个战略基点，加快培育完整内需体系，把实施扩大内需战略同深化供给侧结构性改革有机结合起来，以创新驱动、高质量供给引领和创造新需求，加快构建以国内大循环为主体、国内国际双循环相互促进的新发展格局"。"人民是历史的创造者，是决定党和国家前途命运的根本力量"。应对百年未有之大变局，构建国内国际双循环，实现中华民族伟大复兴，均离不开全体人民的行为支持。

　　通常情况下，受雇劳动和创业是居民获取收入的主要路径，而消费则是居民支出的最主要路径。结合"十四五"规划，可以发现居民的劳动供给、创业和消费行为与国家发展战略极为紧密。而作为与居民自身利益关系最为密切的税种，个人所得税也应当在调节、引导、激励居民行为方面发挥积极作用。

本书聚焦于"个人所得税的居民行为效应";基于我国个人所得税改革的制度背景,劳动年龄人口下降、劳动力市场供需不匹配、居民消费率长期偏低、推动创新创业高质量发展打造"双创"升级版的经济和社会背景,国家构建双循环发展格局的战略背景;以调整、引导和激励居民行为为切入点;以理论分析和实证检验为研究方法;以明晰个人所得税的劳动供给、创业和消费效应为路径;以期为进一步优化个人所得税制度,解决我国现阶段的劳动供给问题、居民消费率长期偏低问题以及促进居民创业,增强经济发展的内生动力提供一定的理论支撑和经验借鉴。本书的研究内容包括七个部分,具体如下。

第1章是绪论。本章主要介绍选题的背景和研究意义,对个人所得税、居民行为效应及相关的主要概念进行界定,对与本书主题相关的文献进行梳理和总结,并阐述本书研究内容、研究思路、研究方法以及可能的创新与不足之处。

第2章是我国个人所得税发展历程。本章按照时间顺序,从三个阶段概述了我国个人所得税的发展历程。其中,第一阶段(1980~1993年)为初步建立阶段;第二阶段(1994~2017年)为快速增长阶段;第三阶段(2018年至今)为调整完善阶段。

第3章是个人所得税居民行为效应的理论分析。本章首先介绍与研究主题相关的理论,包括劳动闲暇理论、现代消费理论、计划行为理论、最优所得税理论、行为经济学理论等。然后应用这些理论的观点和方法,逐项分析我国个人所得税对居民劳动供给、消费和创业三项行为的作用机制。

第4章是个人所得税劳动供给效应的实证分析。本章首先从供需两侧分析个人所得税对居民劳动供给行为的影响。在此基础上,基于中国家庭追踪调查(CFPS)数据,分别利用 Logistic 和 OLS 回归对个人所得税改革背景下的劳动参与率和劳动供给时间进行实证检验。研究发现个人所得税改革显著提升了居民的劳动参与概率,但对劳动供给时间无显著影响,表明个人所得税在激励个体行为,激活劳动力存量，增加劳动供给，缓解劳动供需矛盾方面确有积极作用。

第5章是个人所得税创业效应的实证分析。本章主要关注了个人所得税与居民家庭的创业行为。首先分析了我国个人所得税改革对居民创业的影响，提出了工资、薪金个人所得税改革对居民创业行为的作用路径：一是工资、薪金个人所得税改革通过提高工薪家庭的收入，增加创业行为的机会成本，降低创业激励而抑制家庭创业；二是工资、薪金个人所得税改革通过提高工薪家庭的资金基础、风险承担能力和人力资本积累促进家庭创业。在此基础上通过建立双重差分模型，利用中国家庭金融调查（CHFS）数据进行了实证检验。研究发现个人所得税改革促进了家庭创业行为的发生，且这种促进作用主要存在于东部地区低收入家庭，对东部地区高收入家庭以及中西部地区家庭则无显著影响。

第6章是个人所得税消费效应的实证分析。本章首先分析了我国个人所得税对居民家庭消费支出的影响。仅从居民个人或者家庭的视角来看，通过劳动或者创业获取收入是其消费的基础，个人所得税影响工薪家庭消费的路径除"个人所得税—消费支出"直接路径外，还存在"个人所得税—劳动供给—消费支出"和"个人所得税—创业—消费支出"的间接路径。其次，利用双重差分模型和CHFS数据进行了实证检验。研究发现，个人所得税改革显著促进了实验组样本的总消费支出和生存型消费支出，对发展享受型消费支出的影响并不显著。进一步的异质性分析还发现，个人所得税改革对工薪家庭的消费促进效应主要体现在东部地区家庭以及户主年龄在36~50岁的家庭，对中西部地区或者青年和老年家庭的影响则不显著。最后，本章还基于三重差分模型检验了居民的劳动供给变化和创业行为对个人所得税的消费效应的影响。结果显示，劳动供给的增加进一步提高了居民消费水平，而创业行为的发生则降低了居民消费水平。

第7章是优化居民行为效应的个人所得税改革建议。本章首先分析我国个人所得税制度对公平与效率原则的体现，并从优化居民行为的视角提出在我国推动经济高质量发展，应对贸易保护主义抬头、世界经济低迷以及百年未有之大变局的多重背景下，体现税收的效率原则更为重要，因此个人所得税的进一步改革与完善应坚持效率优先，兼顾公平。其次提出了进一步发挥居民行为效应的个人所得税改革思路。最后分别从鼓励居民劳动供给、创业和消费的视角提出了具体的个人所得税改革建议，为完善个人所得税制度以更有效地调整、引导、激励居民经济行为提供一定的参考和借鉴。

本书的创新之处在于：一是创新研究视角，从居民行为出发，以服务于国家发展战略为导向，将居民的劳动供给、创业、消费这三项行为纳入统一的研究框架，拓展了个人所得税效应研究。二是通过分析个人所得税对居民劳动供给行为的作用机制，并进行实证检验，研究了当前阶段个人所得税的劳动供给效应，能够为劳动力市场供需不平衡和劳动年龄人口比例下降的背景下，提高我国劳动力的有效供给和劳动参与率提供一定的参考。三是分析了个人所得税减税对居民创业行为的促进和抑制作用，即通过提高家庭的资金实力、风险承担能力和人力资本积累促进家庭创业，通过提高家庭的工资薪金收入，增加创业的机会成本，降低创业激励而抑制家庭创业。在此基础上，利用双重差分模型和CHFS数据进行了实证检验，补充了个人所得税创业效应的相关研究。四是在分析了个人所得税对居民消费行为直接影响的基础上，将劳动供给和创业因素纳入个人所得税消费效应的分析之中，探讨了二者的中介作用，并通过建立三重差分模型进行了实证检验，在既有文献的基础上进一步深化了个人所得税消费效应的研究。此外，本书还开创性地将计划行为理论、行为经济学理论用于分析个人所得税改革背景下的居民行为。

本书关注了个人所得税对居民劳动供给、创业和消费行为的作用机制及影响效果，囿于作者水平，书中难免有疏漏之处，期待专家和读者批评指正。

本书为国家自然科学基金面上项目"个人所得税改革效应分析

与税制完善研究（72073020）"重要成果，贵州商学院项目"税制结构优化与微观经济主体财务行为调整：促进经济高质量发展的传导机制研究（2024XJSDYB06）"阶段性成果。感谢东北财经大学李晶教授在本书选题、研究设计、数据收集处理、写作过程中给予的重大支持。本书出版受到"贵州省学术先锋号贵州商学院会计学院""贵州新商业文化与绿色财务协同创新基地""贵州商学院重点学科建设项目会计"等资助。

目 录
Contents

第1章 绪　　论

1.1　选题背景及研究意义

居民行为是决定一个国家或者地区经济社会可持续发展的关键因素之一，而个人所得税是调节、引导、激励居民行为的重要政策工具。本书以"个人所得税的居民行为效应"为研究主题，基于我国个人所得税改革的制度背景，劳动年龄人口下降，劳动力市场供需不匹配，居民消费率长期偏低，推动创新创业高质量发展打造"双创"升级版的经济社会背景以及国家构建双循环发展格局的战略背景，以调整、引导和激励居民行为为切入点，以理论分析和实证检验为研究方法，以明晰个人所得税的劳动供给、创业和消费效应为路径，以期为个人所得税制度的进一步优化和解决我国现阶段的劳动供给问题，居民消费率长期偏低问题以及激励居民创业，增强经济发展的内生动力，促进经济高质量发展提供一定的理论支撑和经验借鉴。

1.1.1　选题背景

（1）应对"百年未有之大变局"需要更好地调节、引导、激励居民行为。

当前，我国经济社会发展面临着诸多现实问题。从国内来看，我国居民少子化、老龄化问题逐渐突出；就业难与招工难并存的劳动力市场供需矛盾显现；居民消费意愿不足，消费率长期偏低，全面促进消费成为国家双循环战略的重要支撑。从国际来看，在世界经济低迷、贸易保护主义抬头等多重背景下，国际形势复杂严峻，当今世界正经历百年未有之大变局。

"十四五"规划提出"坚持扩大内需这个战略基点，加快培育完整内需体系，把实施扩大内需战略同深化供给侧结构性改革有机结合起来，以创新驱动、高质量供给引领和创造新需求，加快构建以国内大循环为主体、国内国际双循环相互促进的新发展格局"。从历史的角度来看，人民是历史的创造者，是决定党和国家前途命运的根本力量。应对百年未有之大变局，构建国内国际双循环，实现中华民族伟大复兴，均离不开全体人民的行为支持。从经济社会发展的角度来看，利用包括个人所得税在内的政策工具调节、引导、激励居民行为是应对"百年未有之大变局"，解决经济社会发展中面临的诸多现实问题的有力支撑。

（2）我国劳动力市场面临着劳动人口下降和供需不匹配的结构性问题。

在劳动供给方面，我国面临着劳动人口占比下降和劳动力市场供需不匹配的问题。首先，作为世界上人口数量最多的国家，我国的人口发展却面临着严峻的形势。生育、养育和教育成本不断攀升使得居民的生育意愿下降，"少子化""老龄化"问题突出，劳动年龄人口数量和占比下降。尽管我国在2016年和2021年先后实施了关于生育"二孩""三孩"的政策，但人口出生数量仍呈现连续下降的趋势。人口问题将会使劳动供给数量和质量下降，用人单位劳动力成本上升，社会经济活力、创新能力和消费能力受到抑制。其次是我国劳动市场存在着供需矛盾。一方面是大量的大学毕业生和农民工找不到工作，"就业难"普遍存在；另一方面是部分用人单位难以招聘到合适的员工或人才，"民工荒""招工难"成为典型现象。这说明我国劳动力市场存在着结构性问题亟须解决。劳动供给方的就业意愿和技能与劳动力市场机会和需求之间的不匹配是造成供需矛盾的原因之一。

根据 2017 年全国生育状况抽样调查数据,"经济负担重"是造成育龄妇女不打算生育的首要因素,因此解决人口生育问题的关键在于降低子女的生育、养育、教育成本。对于劳动力市场供需不匹配的结构性问题,提升居民劳动供给数量,加大劳动者的人力资本投资,提高知识技能和劳动供给质量是有效措施。

(3) 推动创业是增强经济发展内生动力的关键路径。

创业是一个国家或者地区就业、创新和经济增长的重要来源,对我国继续深化供给侧结构性改革、需求侧管理以及构建双循环战略具有关键影响。2018 年 9 月,国务院发布《关于推动创新创业高质量发展打造"双创"升级版的意见》,提出打造"双创"升级版有利于提升经济发展与科技创新活力,创造优质供给和扩大需求,有利于增强经济发展的内生动力。推进大众创业、万众创新,是发展的动力之源,也是富民之道、公平之计、强国之策。创业通常需要投入一定规模的资金,付出较多的时间和精力,并需要承担远高于受雇工作的风险。决定居民创业行为的关键因素包括创业意愿、创业能力、创业资源和创业回报。因而,要激励居民创业行为则需要促进这些关键因素向有利于创业行为发生的方向转变。在我国的个人所得税改革中,经营所得的税率、级距,利息、股息、红利的税负可能影响居民创业回报的高低和创业意愿。关于工资薪金、劳务报酬的个人所得税税负则可能通过影响居民家庭的收入水平而影响创业项目持续投资能力,创业资本的积累以及风险承担能力。因此,研究个人所得税改革的创业激励效应具有较强的现实意义。

(4) 我国居民消费率长期偏低不利于经济高质量发展。

消费、投资、出口通常被认为是拉动经济增长的"三驾马车"。其中,消费是经济增长的原动力,而投资是通过转化为产能而生产出产品或者提供服务,并最终为居民或者政府所消费,出口需求亦是来源于国外的消费需求，因而消费是最终需求（廖信林等，2015）。自21世纪初以来，我国居民消费率长期低于40%，不仅低于英国、美国等西方发达国家，也低于韩国、印度等亚洲国家（谷成和张洪涛，2018）。

基于此，我国政府一直将扩大居民消费需求，作为重要的经济和社会发展目标。如党的十九大报告提出"完善促进消费的体制机制，增强消费对经济发展的基础性作用"政策目标。2018年9月，国务院办公厅印发《关于〈完善促进消费体制机制实施方案（2018-2020年）〉的通知》，提出要加快破解制约居民消费最直接、最突出、最迫切的体制机制障碍，增强消费对经济发展的基础性作用。在"十四五"规划中亦提出坚持扩大内需这个战略基点，加快培育完整内需体系。利用个人所得税政策激励居民的消费行为，提升居民消费率有利于满足人民日益增长的美好生活需要，有利于国内大循环和经济高质量发展。

（5）个人所得税改革为发挥其居民行为效应奠定了制度基础。

我国个人所得税自1980年开征，至今经历了40余年的发展，个人所得税收入从1980年的0.0016亿元增长至2021年的近1.4万亿元，增幅巨大。个人所得税占税收收入的比重也从0.0003%快速增加至8.0%以上。2018年8月31日，第十三届全国人大常务委员会第五次会议决定对《中华人民共和国个人所得税法》（以下简称《个人所得税法》）进行第七次修正。修正内容涉及提高综合所得基本减除费用标准，调整税率结构，对部分劳动所得实行综合征收，设立专项附加扣除等多项改革措施，为发挥其行为效应奠定了制度基础。其中，综合所得基本减除费用标准的提高和改革体现的减税特征有助于提升居民劳动积极性、收入水平和消费能力，经营所得税税率、级距的调整能够提升创业项目的可行性和投资回报，专项附加扣除的引入则可降低居民生育子女和赡养老人的经济负担，激励家庭的人力资本投资。

作为与居民自身利益关系最为紧密的税种，个人所得税在调整、引导和激励居民的劳动供给、创业和消费行为方面均可发挥积极的作用，亦即在国家双循环发展战略和经济社会可持续发展中发挥积极作用。鉴于此，本书以个人所得税的居民行为效应为研究主题，分析个人所得税改革对居民劳动供给、创业和消费行为的作用机制并进行实证检验，以期为个人所得税制度的进一步优化和解决我国现阶段的劳动供给问题，居民消费率长期偏低问题以及促进居民创业，增强经济发展的内生动力提供一定的理论支撑和经验借鉴。

1.1.2 研究意义

（1）探究个人所得税对居民劳动供给、创业、消费的影响机制，为发挥个人所得税行为效应提供理论支撑。

作为与居民自身利益关系最为紧密的税种，个人所得税必然影响个体及其家庭的经济行为。本书基于劳动闲暇理论、最优所得税理论等分析了个人所得税对居民劳动供给行为的影响，从创业风险承担、创业资源、创业回报角度分析了个人所得税对居民创业行为的影响，并从居民税后收入、劳动供给、创业角度分析了个人所得税对居民消费的作用路径，更加全面、深入地探究了个人所得税对居民行为的影响机制，为进一步发挥个人所得税行为效应提供了理论支撑。

（2）拓展个人所得税效应研究，丰富相关研究成果。

个人所得税具有筹集财政收入、调节收入差距、稳定经济等功能。目前关于个人所得税效应的相关研究主要关注其财政收入和收入再分配效应，对与调控经济相关的居民行为效应的研究相对较少。本书则关注了个人所得税的经济调控职能，并聚焦于个人所得税的居民行为效应。将居民的劳动、创业和消费纳入统一框架下，从理论上阐释个人所得税改革对居民行为的作用机制，并通过构建计量模型，利用微观调查数据进行实证检验，拓展了个人所得税效应研究，丰富了相关研究成果。

（3）实证检验个人所得税的行为效应，为调整、引导、激励居民经济行为提供经验借鉴。

调整、引导、激励居民经济行为有助于解决我国经济社会发展中存在的部分问题，与扩大内需，构建双循环发展格局形成协同效应。本书通过 Logistic 模型、双重差分模型、三重差分模型，利用 CFPS、CHFS 等数据库样本数据进行实证检验，以此估计个人所得税对我国居民的劳动供给、创业、消费行为的影响效果，并通过异质性分析发现个人所得税对不同人群的经济行为的差异性影响。研究结论可为国家优化相关政策以及制定差异化的行为促进政策以更有效地调整、引导、激励居民经济行为提供经验借鉴。

（4）基于居民行为视角提出个人所得税改革建议，为优化个人所得税制度提供参考。

在对个人所得税的居民行为效应进行理论分析和实证检验的基础上，本书就公平与效率原则在我国个人所得税制度中的体现以及二者的权衡进行了探讨，基于优化居民行为效应视角提出了个人所得税改革的思路，并分别从进一步发挥个人所得税的劳动供给效应，鼓励居民从创业和消费的角度提出具体的改革建议，以期为完善个人所得税制度提供一定的参考。

1.2　基本概念界定

1.2.1　个人所得税及相关概念

（1）个人所得税。

个人所得税是主要以自然人取得的各类应税所得为征税对象而征

收的一种所得税，也是政府取得财政收入、调节个人收入差距、稳定经济发展的一种手段。个人所得税的纳税义务人包括中国公民、个体工商户、个人独资企业的投资者、合伙企业的自然人合伙人以及在中国境内有所得的外籍人员（包括无国籍人员）和香港、澳门、台湾同胞。而根据纳税人的住所和居住时间标准，纳税人可分为居民纳税人和非居民纳税人。个人所得税的征税范围包括工资薪金，劳务报酬，稿酬，特许权使用费所得，经营所得，利息、股息、红利所得，财产租赁所得，财产转让所得以及偶然所得等。

（2）基本减除费用标准。

基本减除费用标准通常被称为"生计费"，包括纳税人及其家庭的基本生活费用，目的在于保证纳税人的正常生活。在计算应纳税额时，基本减除费用可从所得额中扣除。根据 2011 年修改后的个人所得税法，我国的工资、薪金所得的基本减除费用标准为 3500 元/月；劳务报酬、稿酬、特许权使用费所得，每次收入不超过 4000 元时，可减除费用为 800 元，收入超过 4000 元时，可减除费用为收入的20%。在 2018 年我国对个人所得税法进行第七次修订以后，居民取得综合所得的基本费用扣除标准调整为 5000 元/月（6 万元/年）。

（3）税率。

税率是应纳税额与征税对象数额之间的比例，是法定的计算应纳税额的尺度。税率的高低直接关系到国家财政收入的多少和纳税人负担的轻重，体现了国家对纳税人征税的深度，是税收制度的核心要素。通常，个人所得税的税率形式包括比例税率和超额累进税率。我国对个人取得的利息、股息、红利所得，偶然所得等所采用的税率即为比例税率，对综合所得、经营所得采用的税率即为超额累进税率。

（4）所得类型。

个人所得税以自然人取得的各类应税所得为征税对象。现行《个人所得税法》将个人应税所得调整为工资、薪金所得，经营所得，利息、股息、红利所得等，就其性质而言，个人所得可分为劳动所得与资本所得两类（朱为群和陶瑞翠，2015）。

劳动所得是经过劳动创造了价值和使用价值而取得的所得，包括个人因受雇或者受聘取得的工资、薪金所得，独立劳动取得的劳务报酬所得，因其作品以图书、报刊形式出版、发表而取得的稿酬所得以及经营所得中应当归属于经营者劳动收入的部分所得等。

资本所得是资本所有人运用资本项目所取得的所得，包括资本持有所得和资本转让所得，前者是指将资本出租、借贷或者投资给他人而取得的收益，对应个人所得税征税范围中的财产租赁所得、特许权使用费所得以及利息、股息、红利所得等；后者是指出售、转让资本项目而取得的所得，也称资本利得，对应个人所得税征税范围中的财产转让所得。

（5）专项附加扣除。

专项附加扣除是指遵循公平合理、利于民生、简便易行的原则，引入的新的费用扣除标准。当前，专项附加扣除包括个人所得税法所规定的子女教育、继续教育、大病医疗、住房贷款利息或者住房租金、赡养老人、婴幼儿照护等7项，并将根据教育、医疗、住房、养老等民生支出变化情况，适时地调整专项附加扣除的范围和标准。

（6）税制模式。

个人所得税有分类所得税制、综合所得税制以及混合所得税制三种基本模式（马国强，2013）。分类所得税制按照"区别定性"的原则对纳税人取得的各项所得分别课税，包括多元所得税制与二元所得税制。分类所得税制具有较高的征收效率和经济效率，同时也牺牲了公平性，可能改变劳动与资本的相对价格，扭曲资源配置，亦会导致纳税人通过改变所得性质进行避税，整体上体现"效率"原则。综合所得税制是对纳税人在一定时期内取得的各项收入进行加总计算，并扣除一定的费用项目后计算应纳税所得额，包括超额累进综合所得税制和单一税率综合所得税制。综合所得税制实现了完全的横向公平，纵向公平的实现程度则受到税率累进性的影响，有利于防止纳税人通过改变所得性质进行避税，但也牺牲了经济效率。其税制较为复杂，同时要求较高的征管水平，整体体现"公平"原则。混合所得税制包括分类综合所得税制与综合分类所得税制，前者是对一定标准以下的所得采用分类征收模式，对一定标准以上所得采用综合征收模式，后者则正好相反（马国强，2013）。混合所得税制结合了分类税制与综合税制的特点，但实施难度较大，整体上体现了"公平与效率的均衡"。当前我国实行的综合与分类相结合的税制，本质上是一种介于多元与二元之间的分类所得税制。对劳务报酬、稿酬、特许权使用费以及工资、薪金四项所得采取累进的综合征收模式，较好地实现了四项所得的横向公平与纵向公平。对财产租赁、财产转让以及利息、股息、红利所得仍旧采用分类征收模式，体现"效率"原则。实际上，并非所有的分类征收都能够实现效率原则，也并非所有的综合征收都能实现公平原则。例如，将利息所得纳入综合征收范围，在一定程度上体现了横向公平原则，但如果考虑资金的时间价值、通货膨胀以及纳税人整个生命周期的消费与储蓄行为，则是破坏了横向公平原则。再如，对财产租赁、转让等行为采用分类征收模式，并有相应的税收优惠政策，看似体现了"效率"原则，但如果考虑整个国家的经济结构与发展质量，大量的企业、家庭将资本投入房地产领域，则扭曲了资源配置，造成了整个国家经济效率的损失。税制模式如何选择以及"综合征收"如何扩围，需要结合我国经济发展背景与产业结构优化的需要，区别性地对待各项所得。

1.2.2 居民行为效应及相关概念

（1）居民行为效应。

居民是指在本国长期从事生产、消费的自然人或者法人。符合该条件的非本国公民也可称为本国居民。居民可分为自然人居民和法人居民两类。根据《个人所得税法》的规定，在中国境内有住所或者无住所而一个纳税年度内在中国境内居住累计满 183 天的个人为居民个人。居民个人从中国境内和境外取得的所得依照本法缴纳个人所得税。

行为是人们在生活或者工作中表现出来的态度及具体的方式，是在一定的条件下，不同的个人或群体表现出来的基本特征，或对内外环境因素刺激所作出的能动反应。

效应是指某种动因或者原因所产生的影响或者结果。

居民行为是指在本国从事生产、消费的自然人或者法人，在本国政治、经济、社会环境以及自身特征、状况下，所表现出的生产、生活的态度及方式。居民行为的范围较为广泛，可包括经济行为、政治行为、生活行为、学习行为、工作行为等。

居民行为效应则是指当社会制度、经济政策、自然环境等发生一定的变化时，居民的经济行为、政治行为、生活行为、学习行为、工作行为等方面受到的影响以及所发生的改变。

本书以个人所得税的居民行为效应研究为主题，主要关注自然人居民在我国个人所得税制度下的经济行为。在自然人居民的经济行为中，受雇劳动和创业是居民获取收入的主要路径，而消费则是居民支出的最主要路径。本书在研究过程中将居民行为效应限定为我国个人所得税制度对工薪阶层居民的劳动供给、创业和消费行为产生的影响。

（2）劳动供给。

劳动供给也称为劳动力供给，是在一定的报酬条件下，劳动力的供给主体（劳动者个人）对自己的劳动使用权的让渡。作为劳动力市场的基本构成要素之一，劳动力供给是影响劳动力资源配置的基础因素。

与劳动供给相关的概念还包括劳动力、劳动力市场、劳动参与率、人口结构等。

劳动力是指人的劳动能力，是人在劳动过程中所运用的体力和智力的总和。现有文献多从马克思所著《资本论》中对劳动力作出的阐述而展开对劳动力概念的探讨。《资本论》对劳动力的阐述为"人的身体,即活的人体中存在的,每当人生产某种使用价值时就运用的体力和智力的总和"①。由此可对劳动力进一步理解为:劳动力是人特有的一种能力;劳动力是存在于活的人体中的能力;劳动力是人在劳动中所运用的能力,也就是马克思所说的人在生产某种使用价值的活动中所运用的能力;劳动力是人在劳动中所运用的体力和智力的总和。在现实中,劳动力常被赋予各种不同的含义,既指劳动能力,也指从事劳动活动的劳动者,还可指代一个国家、地区或者部门的劳动者的总和。

人口结构是指人口按照不同的标志分组形成不同组别的人口群体后,各个人口群体占人口总量的比重。其中,按照性别和年龄分组形成的性别结构和年龄结构是人口结构中的两种基本结构。

劳动参与率是指经济活动人口占劳动年龄人口的比重,是衡量和测度劳动年龄人口参与社会劳动程度的指标。按照我国现行划分标准,0~15 岁为少儿人口,16~59 岁为劳动年龄人口,60 岁及以上为老年人口。

(3)创业。

诸多文献(Gartner,1985;Low and MacMillan,1988;Shane and Venkataraman,2000;朱仁宏,2004;等等)对创业的本质和内涵进行了探讨,但并未形成统一的共识。如加特纳(Gartner,1985)认为创业的本质是建立新的组织。肖恩和文卡塔拉曼(Shane and Venkataraman,2000)认为创业是发现和利用有利可图的机会。朱仁宏(2004)结合以往的研究,对创业的定义和内涵进行了深入的分析、探讨和总结,在此基础上对于创业的概念进行了界定,认为创业是商业行为者在一定的创业环境下,识别并利用机会,组织各项资源,创建新组织,开展新业务的活动。本书认为朱仁宏(2004)对创业的概念界定较为合理、全面和完整,因此将其用于本书中创业概念的界

① 马克思恩格斯选集:第二卷 [M]. 北京:人民出版社,1995:208.

定。结合本书的研究主题和后文实证研究中所采用的中国家庭金融调查（CHFS）数据的调查问卷中的问题"去年，您家是否从事工商业生产经营项目，包括个体户、租赁、运输等业务？"确定家庭的创业行为。

（4）消费。

消费包括政府消费和居民消费。居民消费是家庭除购买新住房之外用于物品和服务的支出，其目的在于满足家庭的生存、发展和享受的需要。其中，物品包括家庭购买的汽车与家电等耐用品，以及食品和衣服等非耐用品；服务包括理发和医疗这类无形的东西。此外，家庭用于教育的支出也包括在服务消费中。在本书中，将中国家庭金融调查（CHFS）收集到的居民在食品、居住、衣着、日常用品、教育、医疗、娱乐、交通通信等各项支出之和用于衡量家庭总消费支出。本书还将居民家庭消费支出进一步区分为生存型消费支出和发展享受型消费支出，前者包括食品、居住、衣着、日常用品、医疗等支出，后者包括教育、娱乐、交通通信、保健服务等支出。

1.3 文 献 综 述

作为与居民自身利益关系最为紧密的税种，个人所得税是影响居民劳动供给、创业和消费行为的关键因素之一。既有文献对个人所得税影响居民三项经济行为的机制和效果均有关注。本部分从个人所得税劳动供给效应、创业效应和消费效应三个角度展开对以往相关文献的回顾和评述。

1.3.1 个人所得税劳动供给效应

一个国家或者地区的经济社会可持续发展需要持续的劳动供给

（王金营等，2014）。在经济发展、科技进步和人口老龄化的现实背景下，我国劳动市场面临着劳动年龄人口老化，劳动参与率下降，就业难与招工难并存的结构性矛盾，提高劳动供给数量和质量成为学界关注的热点。既有文献研究了经济增长（金剑，2004）、社会保障（Krueger and Pischke，1992；Börsch - Supan，2000；İmrohoroğlu and Kitao，2009；Oshio et al.，2011；王金营等，2014；程杰，2014）、受教育水平（蔡昉和王美艳，2004；金剑，2004）、人口老龄化（周祝平和刘海斌，2016）、工资水平（Blundell and Macurdy，1999；Wessels，2005；Sabia and Burkhauser，2010；Sasaki et al.，2013）、健康状况（Bound et al.，2010）、子女数量（张川川，2011；Bloom et al.，2009）、年龄（Schultz et al.，1993）等因素对居民劳动供给行为的影响。对于个人所得税的劳动供给效应，既有文献则从理论分析、实证研究以及劳动供给效应的进一步发挥角度进行了较为深入的研究。

（1）个人所得税对居民劳动供给影响分析。

在个人所得税对居民劳动供给行为影响的理论分析方面，国内外学者主要从劳动者的劳动决策、劳动力素质以及社会的劳动需求等几个角度展开论证。

税收是影响劳动供给的一个重要因素（许文和王敏，2003；龙莹和袁嫚，2019），主要体现在影响居民在劳动和闲暇之间的选择（董再平，2008）。一般来说，所得税对劳动供给的影响会大于流转税，因此所得税的劳动供给效应受到了更多的关注。

个人所得税通常被认为是调节收入差距，实现社会公平的重要政策工具，但实际上个人所得税也可作用于经济增长（李文，2019），而且可能会影响微观个体的劳动供给行为（张世伟等，2008）。吴小强和王海勇（2017）认为所得税参与居民家庭的收益和资本投资收益的分配，因而能够对劳动力市场和居民就业产生影响。普雷斯科特（Prescott，2004）认为美国居民在 20 世纪 90 年代劳动供给时间高于欧洲的原因在于欧洲税负的提高。

由于个人所得税的税负直接作用于劳动者的收入,因此税负的高低显然会影响居民的劳动行为。当个人所得税税率较高时,居民的劳动力参与和工作时间会受到抑制,教育、技能培训的兴趣会降低,劳动供给会减少(刘溶沧和马拴友,2002)。当个人所得税税率降低时,同等条件下的居民收入会增加(Korkeamäki and Uusitalo,2009),居民的技能培训和劳动供给质量会增加。更高的税率除减少劳动者的工作时间外,还将增加影子经济的规模,扭曲劳动力需求(Davis and Henrekson,2004)。

劳动闲暇理论常用来分析征税或者税负变化时劳动者的劳动供给行为。根据该理论,当对居民收入征税时会导致收入效应和替代效应,二者对居民劳动供给行为影响的方向是相反的,二者作用的大小之差决定了居民劳动供给行为的变动结果(刘怡等,2010)。在对劳动所得征收个人所得税时采用累进税率的情形下,劳动者的收入水平与其适用的边际税率是正相关的。征收个人所得税导致的收入效应和替代效应的大小受到居民的收入水平、社会福利水平的影响。一般来说,当收入水平和当地社会福利水平较低时,征税的收入效应会大于替代效应,居民更倾向于增加劳动供给;当收入水平和当地社会福利水平较高时,征税的替代效应会大于收入效应,居民更倾向于减少劳动供给(董再平,2008)。

除了直接影响居民的劳动供给行为外,税收在控制人口增长、保障长期劳动力供给上也能发挥一定的作用(许文和王敏,2003)。在实行"二孩"政策后,居民家庭的生育意愿并不强,其原因在于较高的生育成本。根据2017年的全国生育状况抽样调查数据,在造成育龄妇女不打算生育的首要因素中,"经济负担重"占比最高,为58.9%(贺丹等,2018)。因此,如果个人所得税改革中允许税前扣除更高的"二孩""三孩"的生育、养育及教育成本,将有助于降低生育家庭的经济负担,提高生育意愿,促进长期的劳动供给。

　　个人所得税可通过促进家庭教育培训支出和劳动力素质的提升而影响劳动供给和就业。董再平（2008）认为劳动技能较差、素质低是劳动者失业的重要原因，因此提高劳动力素质和技能是增强劳动力就业能力，减少结构性失业的有效途径。个人所得税、企业所得税等税收政策可以通过鼓励居民进行教育、培训等人力资本投资而提高劳动力素质，进而提升劳动供给质量和就业水平。许文和王敏（2003）认为可以通过税收政策鼓励教育和对劳动力的培训来提高劳动者素质。郭佩霞和杨苑誉（2014）认为在进行税收政策的设计时应将提高劳动力的市场适应能力作为重要的考虑因素，应给予非学历教育培训机构，与学历教育相同的减免税政策，如免征房产税、城镇土地使用税、契税等，并认为尤其应该降低农业技能与工业技师等相关培训的税负水平。吴小强和王海勇（2017）提出可利用所得税政策激励企业加强员工的职业技能培训，培育积累人力资本，增强职工劳动技能和对岗位流动的适应力，减少结构性失业，促进中高端就业，并提高人力资本投资的收益率。

　　个人所得税改革影响劳动供给行为的另一个关键途径在于通过促进经济增长与劳动力需求的提升拉动劳动供给。劳动力供给和劳动力需求的相互作用决定了实际工资水平和劳动就业数量。税收具有乘数效应，一定规模的减税可以扩张社会总需求，进而带动经济增长和劳动需求的增加（许文和王敏，2003；鄢秋红，2007；吴小强和王海勇，2017），由此劳动参与率也会增加。在个人所得税税负不能转嫁的情况下，个人所得税改革并不会直接影响企业劳动力成本和需求（董再平，2008）。但当个人所得税税负能够部分或者全部转嫁时，个人所得税就可能影响企业的用工成本和需求。个人所得税税负虽然名义上由劳动者承担，但其实际负担情况同样依赖于供需双方的议价能力，税收主要由供给或者需求弹性小的一方负担（郝联峰，2000）。个人所得税减税相当于在劳动供需双方之间供需平衡的基础上施加了外生冲击，从而降低了劳动交易费用，因此在供需双方充分博弈的情况下会建立起新的供需均衡价格（付强和廖益兴等，2021）。这相当于改变了资本与劳动的相对价格，从而导致企业劳动需求和劳动供给的改变。

（2）个人所得税劳动供给效应的实证研究。

尽管在理论分析方面，国内外学者普遍认为征税或者减税的收入效应和替代效应的大小共同决定了最终的劳动供给效应。但既有研究（Hausman and Ruud，1984；Eissa，1995；Eissa and Liebman，1996；Laitner and Silverman，2012；叶菁菁等，2017）的结果却更多地显示个人所得税税负、税率与居民的劳动供给负相关。莱曼等（Lehmann et al.，2016）利用21个经合组织国家在1998～2008年的面板数据证实了累进的税率结构通过工资调节效应增加了整体就业，其原因在于低收入人群的劳动供给更具弹性，而累进税率使得低收入人群适应了更低的税率。豪斯曼和鲁德（Hausman and Ruud，1984）研究发现在对已婚家庭中的夫妻合并征税时，每给予10%的税收减免将使得妻子的劳动供给增加3.8%，而丈夫的劳动供给减少0.9%。艾萨（Eissa，1995）利用双重差分模型检验了美国1986年税改的劳动供给效应，发现已婚女性的劳动供给会随着边际税率的降低而增加。艾萨和利布曼（Eissa and Liebman，1996）进一步研究了美国1986年税改下的有孩和无孩单身女性的劳动供给行为的差异，发现在1984～1986年和1988～1990年，有孩子的单身女性的相对劳动力参与率提高了2.8个百分点，但对已有在职工作的有孩单身女性的劳动时间则无显著影响。莱特纳和西尔弗曼（Laitner and Silverman，2012）模拟了一项改革，对年龄在54岁或者工龄在34年以上的居民不再征收工资税，发现受影响人员的退休年龄可提高1年以上。

个人所得税税负降低后的劳动供给效应通常包括劳动参与率、劳动供给时间两个维度，既有研究对个人所得税在两个维度上的激励效果的观点则不相同。一部分学者认为个人所得税减税后的劳动激励效应主要体现在劳动参与率，对劳动供给时间无显著影响；另一部分学者则认为个税减税后的劳动激励效应主要体现在劳动供给时间，对劳动参与率无显著影响。例如，布伦德尔和麦克卡迪（Blundell and Ma-Curdy，1999）运用工具分析法分析了居民的劳动供给行为的变动趋势，发现净工资率能够影响居民的劳动时间，未能显著改变劳动参与率。齐利亚克和克尼森纳（Ziliak and Kniesner，2005）的研究结果则表明居民消费和劳动时间是直接互补的，两者都随着税后收入的增加而增加。艾萨（Eissa，1995）的检验结果则显示美国收入所得税抵免法案增加了单亲母亲的劳动参与概率，但对劳动时间无显著影响。艾萨和霍因斯（Eissa and Hoynes，2004）研究发现使得美国 2200 万家庭受益的劳动所得税抵免对劳动供给的影响主要体现在广延边际而非集约边际。

早期的关于我国居民在个人所得税改革下的劳动供给行为的研究以理论分析或者调查问卷为主。余显才（2006）依据调查问卷收集到的数据研究认为，在局部有弹性的条件下，个人所得税征税主要表现为替代效应，替代效应与税率增加幅度成正比，收入效应随着税率增加幅度的加大呈现先强后弱的情形。

近年来，随着我国微观调查数据的逐步完善，我国学者对个人所得税劳动供给效应的研究不再局限于理论分析或者调查问卷的数据收集，而是通过 CFPS、CHFS 等调查数据进行了实证研究（刘怡等，2010；叶菁菁等，2017；刘蓉等，2019），得出了更有说服力的现实证据。

张世伟等（2008）最早基于微观数据对我国个人所得税改革的劳动供给效应进行了实证研究，基于双重差分模型的估计结果显示我国已婚女性劳动供给的净工资弹性约为 0.344，而已婚男性则无弹性。叶菁菁等（2017）通过建立 DID 模型并利用中国家庭金融调查（CHFS）2011 年和 2013 年的面板数据对 2011 年个人所得税改革的劳动供给效应进行实证检验，发现这次改革显著提高了受影响居民的劳动参与率，但对劳动时间无明显影响。并进一步提出，由于 2011

年个人所得税改革的劳动激励效应在中高收入群体中更加明显，因此会进一步拉大居民间的收入差距。

当然，部分学者并不认为税收政策能够促进劳动供给，比如，余显才（2006）通过大范围的调查问卷收集相关数据，并运用计量分析发现不论是通过税率还是免征额变化进行个人所得税改革，我国的劳动供给对所得税整体上是缺乏弹性的；郭佩霞和杨苑誉（2014）认为尚无充分证据能够证明税收政策可以在促进劳动者进行培训投资和进行跨区域流动方面发挥积极作用。

既有文献的研究结论并不相同的原因可能是多方面的，比如不同国家的居民具有不同的行为特征；对同样的数据采用不同的计量方法，结果也可能不同；选取同一个国家或者地区居民在个人所得税改革后的不同时间周期的调查数据，劳动供给效应的大小也可能不同（Borjas，1980）。

由于男性和女性在生活和社会中的分工存在一定差异，二者在个人所得税改革背景下的劳动供给行为也表现出不同的特征。现有文献普遍认为家庭中的男性或者最高收入的家庭成员的劳动供给缺乏弹性，而女性或者第二收入者则具有一定的劳动供给弹性。特里埃斯特（Triest，1990）关注了所得税对已婚男性和女性劳动供给行为的影响，发现在所有的估计方法中，男性劳动供给对净工资都是缺乏弹性的，而女性劳动供给的弹性大小与估计方法有关。埃伦贝格和史密斯（Ehrenberg and Smith，2003）同样认为男性和女性的劳动供给对净工资率变化的反应存在很大不同，女性的劳动供给弹性更大。于洪（2004）通过调查问卷收集数据后，使用 Logit 统计回归方法对我国劳动力供给弹性现状进行了实证分析，发现我国的劳动力供给具有一定的弹性，女性比男性表现出更强的劳动力供给弹性。张世伟和周闯（2010）使用行为微观模拟的方法研究了基本减除费用提高对工薪人群劳动供给行为的影响，发现当基本减除费用提高时，已婚女性劳动供给呈小幅度上升态势，已婚男性的劳动供给无显著变化，并认为基本减除费用标准的提高无法有效促进就业。尹音频和杨晓妹（2013）采用微观模拟方法分析了 2008 年和 2011 年个人所得税改革对居民劳动供给行为的影响，发现两次改革对男性劳动行为无显著影响，但均促进了女性的劳动供给，且 2011 年的效应更加明显。

个人所得税的申报制度会影响家庭的劳动供给，尤其对于家庭中的女性或者第二收入者，其原因在于女性或者家庭的第二收入者通常拥有更高的劳动供给弹性（Blundell and MaCurdy，1999）。刘易斯（Lewis，1992）研究发现在北欧实行综合税制的国家中，女性的参与率明显低于采用个人单独征税的国家。古斯塔夫森（Gustafsson，1992）基于瑞典夫妇的工资、工作时间和人力资本相关变量的微观数据研究发现，瑞典引入单独征税制度可以激励已婚妇女向市场提供更多的劳动力。拉卢米亚（LaLumia，2008）也发现在美国将个人所得税申报制度由个人改为家庭申报后，家庭的劳动供给发生了变化，家庭中的女性劳动参与率下降了 2%。马蔡琛和隋宇彤（2017）认为家庭联合申报会提高女性适用的边际税率，对双职工家庭的劳动供给产生负向影响。

由于中老年人临近退休，其劳动参与的选择性更大。在人口老龄化的社会背景下，中老年人的劳动参与显得更为重要。既有文献对中老年居民的劳动供给行为给予了较大的关注。刘蓉等（2019）使用双重差分模型和 CHARLS 2011～2015 年数据实证检验了个人所得税改革对中老年居民劳动供给行为的影响，研究发现个人所得税改革提高了劳动参与率，但是对已就业中老年居民的劳动时间影响较弱。使用同样的微观调查数据和计量模型，冯楠等（2021）的研究结果同样表明个人所得税改革显著提高了居民的劳动参与概率，对劳动时间无显著影响，进一步的异质性分析还显示西部地区中老年人劳动供给意愿显著高于中部、东部地区，而东部地区的中老年人劳动供给时间显著高于中部、西部地区。

此外，部分学者还通过微观或者宏观数据证实了个人所得税政策在居民劳动力素质提升上的积极作用。比如，特罗斯特尔（Trostel，1993）研究发现个人所得税与人力资本存在显著的负向影响。陈和陆（Chen and Lu，2013）的研究同样发现劳动所得税会导致人力资本动态积累的动态低效率。斯坦切娃（Stantcheva，2017）发现个人所得税会对人力资本产生影响。科斯塔等（Costa et al.，2018）的研究则证明了减税能够促进人力资本的积累。赵艾凤和王好（2020）采用省级面板数据进行实证研究发现关于劳动所得的个人所得税税负的增加会显著降低人力资本的积累。

个人所得税影响劳动需求的理论观点也得到了现实证据的支持。例如，本纳马克等（Bennmarker et al.，2009）利用 DID 方法研究了芬兰工资税下调对劳动力需求的影响，发现工资税下调并未使得受影响公司的劳动需求增加，但通过促进新公司的进入，进而增加了当地的整体劳动力需求。付强和廖益兴（2021）使用事件研究法发现我国 2018 年个人所得税改革显著提高了企业的劳动力雇佣率，且这种提高作用在劳动密集型企业中更加显著。

在劳动力市场供需不平衡和劳动年龄人口比例下降的背景下，提高我国劳动力的有效供给和劳动参与率成为重要的学术与现实问题。对于该问题的应对，财政制度改革，尤其是与居民个体行为最为密切的个人所得税制度的改革显得尤为重要（叶菁菁等，2017）。我国的个人所得税改革以减税为主要导向，将通过降低个人税负而促进就业，稳定经济增长（袁建国等，2017）。

对于进一步发挥个人所得税的劳动供给效应，既有文献的主要观点包括提高税制的综合性，降低税率，鼓励教育和技能培训等。从世界各国税制改革的方向来看，综合课征模式是个人所得税改革中较为普遍的发展趋势。综合课征模式是将纳税人在一定期间内的所有类型收入进行汇总后，扣除生计费等法定项目后，针对剩余的综合应纳税所得额进行征税的模式。该模式综合考虑了赡养、抚养支出等因素，更符合量能课税的原则，因此被世界上大多数国家所采用（马蔡琛和隋宇彤，2017）。同时，该模式也有利于提高劳动积极性，尤其是兼职劳动的积极性。在个人所得税税率方面，袁建国等（2017）认为减少税率档次，降低最高边际税率可以有效降低税负，有利于提高对高层次人才的吸引力。在如何通过税收政策鼓励教育培训投资方面，既有文献也进行了探讨。董再平（2008）提出我国应制定促进人力资本投资的税收优惠政策以提升我国劳动力素质，一方面鼓励和支持职业技能培训机构，职业院校开展继续教育培训，在岗职工专业技能培训以及再就业培训，另一方面允许居民个人将其教育和职业培训支出在个人所得税税前扣除，允许企业在企业所得税前全额扣除职业教育培训费用。方重和梅玉华（2008）认为促进就业的税收优惠政策应侧重于促进教育培训，提升劳动力素质，以应对劳动力市场存在的既懂技术又会管理的复合型人才短缺与低技能、低素质劳动力过剩的结构性矛盾，将解决就业问题的策略由被动安置转换到主动提升劳动供给质量的途径上来，促进就业的良性发展。

1.3.2 个人所得税创业效应

创业是一个国家或者地区就业、创新和经济增长的重要来源（Ferede，2019）。创业不仅支撑了中国经济过去几十年的快速发展，也关系了我国的经济转型（吴群锋和蒋为，2016）和高质量发展。一个国家或者地区经济能否保持增长关键在于是鼓励创业还是抑制创业（Baumol，1990）。2018 年 9 月，国务院发布了《关于推动创新创业高质量发展打造"双创"升级版的意见》。打造"双创"升级版，推动创新创业高质量发展，有利于提升经济发展与科技创新活力，创造优质供给和扩大需求，有利于增强经济发展的内生动力。同时创业活动还有利于扩大就业途径和增加就业机会（余泳泽等，2017）。推进大众创业、万众创新，是发展的动力之源，也是富民之道、公平之计、强国之策，受到了更多学者的关注。

居民创业的组织形式包括个体户、个人独资企业、合伙企业、有限责任公司、股份有限公司等。不论采取何种组织形式进行创业，当投资者获取投资收入时均需缴纳个人所得税。如果以有限责任公司、股份有限公司形式创业，创业者在获取公司利润时还需缴纳企业所得税。通常情况下，居民创业的目的在于获取收益，而个人所得税和企业所得税政策会影响居民创业的税后净收益。因此，个人所得税、企业所得税等税收政策是影响居民创业行为的重要因素，常作为促进创业、投资的政策手段被世界各国或者地区广泛采用（苏启林，2002）。对于个人所得税创业效应的相关研究，本部分将从理论研究和实证研究两个方面进行回顾和总结。

在理论研究方面，既有文献主要从税收负担、个人所得税政策以及个人所得税与企业所得税重复征税问题三个方面展开。

包括个人所得税在内的税收负担关系着居民创业的税后净收入，创业过程中需要持续投入的资金，以及项目的回收期和可行性，是影响居民创业活跃度的关键因素（Poterba，1989）。具体来说，私人部门通常基于投资项目的未来收益来进行创业决策。高税负意味着更高的创业成本和更低的创业收益，因而会降低居民的创业意愿（余泳泽等，2017）。作为创业活动的最重要的主体，中小企业本身市场地位低，议价能力弱，融资渠道缺乏，通常对税收负担更为敏感（冯海波和周懿，2019）。也有部分文献持有不同的观点，认为高税负对创业行为存在着促进和抑制的双重作用。例如，郭策策和海鹏（2020）提出高税负既通过增加创业者经营成本阻碍创业行为，又通过提高所属地区的社会福利保障促进创业行为。

个人所得税政策影响创业的路径主要有三：一是经营所得、股息红利所得的个人所得税政策通过影响居民的创业项目的收益和前景而影响创业行为（Robson and Wren，1999；Gentry and Hubbard，2000）；二是关于劳动所得的个人所得税政策通过影响居民的创业资金的积累和创业激励而影响创业行为（冯海波和蔡阳，2021）；三是经营所得，股息、红利所得与劳动所得之间的相对税负的变化会改变居民的创业倾向和行为（Gurley - Calvez and Bruce，2013；Gersbach et al.，2019）。

创业收益的边际税率的提高会使得受雇劳动更具吸引力（Robson and Wren，1999），并降低居民的创业意愿。金特里和哈伯德（Gentry and Hubbard，2000）分析了累进的个人所得税对创业行为的影响，认为当创业获得成功时，创业者需要支付显著的税费，而当创业失败时，创业者的损失却并不能获得足够的补偿，因此较高的个人所得税可看作是一种"成功"税，并且阻碍了创业行为。冯海波和蔡阳（2021）认为工资薪金税负的降低会通过改变劳动价格和劳动供给而影响创业意愿和创业行为。格莱利 - 卡尔韦和布鲁斯（Gurley - Calvez and Bruce，2013）认为工资的边际税率的下降将降低居民的创业概率，而创业的边际税率的降低将提高居民的创业概率。卡伦和戈登（Cullen and Gordon，2007）基于美国的税收制度提出，在累进的所得税制度下，企业可以利用税收筹划扣除他们的损失，并且所得税税率越高，税收筹划的收益也越大，因此累进的所得税可以激励创业行为。当个人所得税税率下降时，就会减少因扣除企业亏损而节省的税款，因而会降低居民的创业概率。

个人所得税与企业所得税的重复征税问题，也是制约居民创业行为和创投业发展的关键因素。当居民以公司制企业创业时，获取利润后首先需要缴纳企业所得税，其次还要在取得股息或者红利时缴纳个人所得税，由此形成了对同一收入来源双重征税的情形（李颖，2017）。重复课税不仅减少了创业者的创业收益，增加了税收负担，还会导致公司制企业与非公司制企业间的税负不公，扭曲股利分配与利润留存行为，使得本应该以个人财产权体现的财富却以法人财产的形式存在，形成了财富分配的税收楔子（王震，2013），降低了经济效率（罗昌财和宋生瑛，2016）。避免重复征税以激励居民创业行为是既有文献的主要观点。骆祖春（2007）认为两种所得税分立的国家通常存在重复课税问题，而避免个人所得税与企业所得税的重复征税是各个国家、地区税制建设的关键问题。栾福明等（2016）认为个人所得税对居民选择创业影响很大，有效的优惠政策可以激发居民的创业动机，并提出了完善创业支持政策的建议，包括避免重复征税、下调经营所得个人所得税税率、完善优惠政策等。罗昌财和宋生瑛（2016）认为我国个人独资或者合伙企业、个体工商户经营所得的个人所得税政策远不如企业所得税政策更为优惠，并基于鼓励创业创新的目的提出避免个人所得税与企业所得税重复征税，统一政策导向，实现个人所得税与企业所得税税收公平等两税协同改革思路。

在实证研究方面，国外学者的成果较为丰富，而国内的相关成果则相对较少，主要围绕着税负、税率对创业行为的影响效果展开。

在既有文献中，税收负担与创业水平呈负相关是主流观点。汉森（Hansson，2012）使用 Probit 模型和瑞典个体创业数据检验了所得税政策对个体自雇型创业的影响，发现所得税税率的提高抑制了自雇型创业。巴利亚穆内 - 卢茨和加雷洛（Baliamoune - Lutz and Garello，2014）关注了欧洲国家的创业行为，基于宏观面板数据的研究结果显示税收累进性抑制了新生创业活动。冯海波和周懿（2019）使用 2001～2016 年的省级面板数据检验了税收负担对中小企业创业活跃度的影响，结果显示税收收入占国内生产总值（GDP）的比重每增长 1%，创业活跃度会下降 2.6%。税收优惠政策通过降低创业者的税负而促进创业行为的发生，这得到了部分文献的验证。戈登和卡伦（Gordon and Cullen，2002）、克努希涅格和尼尔森（Keuschnigg and Nielsen，2004a）等研究发现，税收优惠政策能够提升居民的创业意愿，使得更多的潜在创业者进行创业活动。对于税负与创业水平的关系，部分学者提出了不同的观点，认为税负的提高并不一定意味着创业水平的下降。余泳泽等（2017）使用 191 个国家在 1996～2014 年的面板数据实证检验了税负水平对创新、创业的影响，发现税负与创业水平呈现 U 形关系，并认为税负通过影响公共教育支出、政府效能和贸易规模等而影响创业水平。薛钢等（2019）也发现税收负担与社会创业并非简单的线性关系，税收的收入效应与支出效应共同决定了二者的关系，我国的税收负担并未对创业表现出明显的促进或者抑制作用。

在具体的个人所得税制度方面，既有文献研究了累进的所得税对创业行为的影响（Gentry and Hubbard，2000；Cullen and Gordon，2007；Ferede，2019），通常认为累进的所得税制度抑制了创业行为的发生。比如，金特里和哈伯德（Gentry and Hubbard，2000）利用美国家庭税收动态跟踪调查数据实证检验了个人所得税边际税率对创业行为的影响，发现累进的边际税率抑制了家庭通过自雇或者持有企业股权的形式进行创业。费雷德（Ferede，2013）、温和戈登（Wen and Gordon，2014）分别使用了加拿大的省级面板数据和个体数据研究发现累进的个人所得税税率阻碍了自雇型创业。

对于边际税率对创业的影响，现有文献持有不同观点。加勒特和沃尔（Garrett and Wall，2006）使用 1992 ~ 1998 年美国的创业数据进行了实证研究，点估计的结果显示最高个人所得税边际税率与创业率之间存在着 U 形关系。布鲁斯和德斯金斯（Bruce and Deskins，2011）、布鲁斯等（Bruce et al.，2015）的实证研究结果均显示最高边际税率对创业行为无显著影响。另一些文献则认为最高边际所得税税率对创业有负向影响。福克斯特（Fölster，2002）采用了瑞典和经合组织的数据集研究了最高所得税税率对自雇型创业的影响，两组数据的结果均显示最高所得税税率对自雇型创业均有显著的负向影响。费雷德（Ferede，2019）采用动态面板估计方法，使用加拿大各省在 1984 ~ 2015 年的数据，调查了最高个人所得税税率对创业的影响。实证研究结果表明，不论在长期还是短期，最高所得税税率对创业均有显著的负向影响。具体来说，最高法定边际税率提高 1 个百分点，短期和长期内的企业进入率将分别降低 0. 13 个百分点和 0. 41 个百分点。

平均税率和边际税率对创业的影响可能不同。比如，罗布森和雷

恩（Robson and Wren，1999）利用 15 个经济合作与发展组织（OECD）
国家在 20 世纪 80 年代的个体经营所得税税率和创业数据进行了实证
研究，发现自雇型创业与边际税率呈负相关关系，而与平均税率呈正
相关关系。舒茨（Schuetze，2000）使用来自美国和加拿大的个人层
面数据分析发现较高的平均个人所得税税率促进了男性自雇型创业，
并认为其原因在于自雇型创业带来了潜在避税机会的好处超过了创业
成功带来的税收负担。格斯巴赫等（Gersbach et al.，2019）发现当
劳动所得的税负较高而公司利润的税负较低时，会有更多的创业行为
发生。克林金斯密和肖恩（Clingingsmith and Shane，2015）回顾了个
人所得税政策对创业影响的实证研究文献，发现既有文献未能形成共
识，原因在于税收政策对创业决策影响机制的复杂性以及可靠的实证
方法的不可行性。

关于工资薪金的个人所得税政策与创业收益并不直接相关，但也
可能影响创业行为，这得到了卡伦和戈登（Cullen and Gordon，
2007）、格莱利－卡尔韦和布鲁斯（Gurley－Calvez and Bruce，2013）、
冯海波和蔡阳（2021）等文献的证实。卡伦和戈登（Cullen and Gor-
don，2007）利用美国个人纳税申报数据实证研究发现个人所得税税
率与创业行为的正相关性，并预测如果个人税率统一下调 5% 的话，
将导致创业风险承担降低 40%。格莱利－卡尔韦和布鲁斯（Gurley－
Calvez and Bruce，2013）利用 IRS－SOI 构建的 1979～1990 年的面板
数据研究了美国税改对创业的影响，发现不论是企业家税率的降低还
是工薪阶层税率的提高都会导致企业家面临相对税率的下降，也会促
进创业行为的发生。冯海波和蔡阳（2021）以我国 2011 年个人所得
税改革为契机，利用中国家庭金融调查数据进行实证研究发现关于工
资薪金的个人所得税税负的降低提高了受雇人群的收入和进行创业活
动的机会成本，因而抑制了创业行为的发生。

此外，尽管我国未设置专门的资本利得税，但我国个人所得税应
税所得项目包括财产转让所得等，因此资本利得税与创业行为的相关

文献有一定的参考价值。路瑶（2003）认为资本利得税和创业资本发展之间存在着显著的负相关关系，并进一步分析了资本利得税变动对创业资本投资规模和质量的影响。苏启林和隋广军（2004）认为创业投资收益主要体现在资本利得上，并进一步利用 Keuschnigg - Nielsen 模型证明了创业投资与资本利得税的负相关关系，资本利得税税负越高，创业活力越低。克努希涅格和尼尔森等（Keuschnigg and Nielsen et al.，2004b）认为资本利得税会降低创业者的创业激励和努力程度，进而降低初创项目的成功率。北尾（Kitao，2008）关注了减税对投资行为的影响，定量分析的结果显示资本税负的降低能够促进投资，但这种促进效应会因减税政策的目标是创业资本还是非创业资本而有所不同。西方国家关于促进创业投资的税收优惠政策主要体现在降低资本利得税负方面（Da et al.，2013）。苏启林（2003）分析了美国、日本、欧洲的国家或者地区促进创业的资本利得税激励政策的设计及绩效，认为良好的资本利得税政策设计能够促进创业活动的发展。

1.3.3 个人所得税消费效应

投资、消费、出口是拉动经济增长的"三驾马车"。消费对经济增长具有重要的驱动作用。我国家庭长期呈现高储蓄率和低消费率的特征（金烨等，2011；唐琦等，2018），消费需求与经济增长未能形成协调发展，严重影响和制约着我国的经济发展（陈斌开等，2014；尹志超和张诚，2019）。而提升居民家庭的消费率是促进我国经济增长的关键，也是实现我国需求侧管理和双循环战略目标的关键路径（黄梦琪和金钟范，2022）。

居民可支配收入是决定消费支出的最关键因素，而个人所得税改革既可影响宏观税负，又可通过影响居民直接承担的个人所得税税负而改变居民的可支配收入，因此亦是影响居民消费支出的关键因素。

本部分对既有文献的回顾和总结从宏观税负和个人所得税政策对居民消费行为影响等两个方面展开。

个人所得税改革会影响宏观税负，而宏观税负对居民消费支出的作用如何，现有研究的结论并不相同。一部分文献认为宏观税负与居民消费呈负相关关系。如李俊霖（2007）提出宏观税负的提高通过降低居民的可支配收入和企业的收益水平而抑制消费，不利于经济增长。廖信林等（2015）研究发现宏观税负的提高不利于居民消费率的提升，间接税比重的提高将抑制居民消费，个人所得税、企业所得税等直接税比重的提高可以促进居民消费，并认为提高直接税比重，促进居民消费，应当从减少间接税收入进而降低居民的税负水平入手。温桂荣等（2020）利用我国2002~2017年的省级面板数据和门槛回归方法，研究发现宏观税负对城镇居民消费存在双门槛挤出效应。另一部分文献则认为宏观税负不一定会抑制居民消费。如李文（2011）实证检验发现税收负担对居民消费并无显著影响，而对居民消费有显著影响的是居民的收入水平，因此促进居民消费的税收政策应关注于提高收入再分配效果而非降低总体税负。除此之外，部分学者还提出不同的观点。李普亮和郑旭东（2014）基于宏观数据检验了税收负担、财政民生投入对居民消费的影响，发现短期影响与长期影响并不相同。宏观税负在短期内对居民消费无显著影响，在长期内则挤入了居民消费，而财政民生投入在短期和长期内均会促进居民消费。刘建民等（2015）研究发现税收负担挤入居民消费，而税收不确定因素挤出居民消费。

作为与居民自身利益最为紧密的税种，个人所得税改革对居民家庭的收入水平、劳动供给、创业、消费等会产生显著影响。詹鹏和张玄（2022）认为个人所得税直接作用于居民的收入，是影响居民消费的重要政策工具。

根据凯恩斯（Keynes，1936）提出的绝对收入消费理论，收入水平对消费具有决定意义，收入越高，消费支出则越高，但消费支出占收入的比例会随着收入水平的提高而降低。因而个人所得税减税会带来居民收入水平和消费水平的提高，同时对低收入家庭给予个人所得税减免形成的减税收益的消费倾向要高于高收入家庭。计金标等（2020）指出刺激居民消费的关键在于使得边际消费倾向更高的人群享受更低的税负，但我国的现实情况是，边际消费倾向较高的人群反而承担了更高的税负。陈金池（2010）提出加快个人所得税改革，扩大低档税率级距，降低中低收入家庭税负，增加居民收入是提升居民消费能力和支出的重要路径。

在个人所得税改革的消费效应的相关分析中，弗里德曼（Friedman，1957）提出的"永久收入假说"同样是重要的理论基础。根据该理论，当居民获得临时性的减税收益时，并不会将其完全用于增加消费支出，而是会平滑到以后各期的消费之中。而当居民面临永久性减税政策时，其减税收益便不会被平滑到以后各期，而是主要用于当期消费，因而边际消费倾向会接近于1。如果预期未来的减税收益高于当期，则居民当期的边际消费倾向甚至会大于1。由于我国的个人所得税改革表现为持久性的减税政策，能够提高居民的当期收入和未来收入，放松家庭的预算约束（刘利利和刘洪愧，2020），因而能够带来家庭消费的增加。此外，居民获得个人所得税减税收益的边际消费倾向还会受到其借贷约束、预防性储蓄动机等因素的影响（王鑫和吴斌珍，2011）。

在个人所得税对居民消费行为的实际影响方面，学者们展开了较为丰富、多样化的研究。在数据上，一部分文献采用了宏观数据（王鑫和吴斌珍，2011；廖楚晖和魏贵和，2013；缪慧星和柳锐，2012；张涛和刘洁，2015）。另一部分文献则采用了微观调查数据（Johnson et al.，2006；Agarwal et al.，2007；Shapiro and Slemrod，2009；黄晓虹，2018；徐润和陈斌开，2015），如中国家庭追踪调查（徐润和陈斌开，2015）、中国住户收入调查数据（黄晓虹，2018）等。在研究方法上，现有研究采用了双重差分模型（王鑫和吴斌珍，

2011；徐润和陈斌开，2015）、倾向得分匹配（黄晓虹，2018）、微观模拟（张世伟和周闯，2010）、SVAR 模型（缪慧星和柳锐，2012；Şen and Kaya，2016；Mertens and Ravn，2013）以及 Barro 理论模型（王玉晓等，2020）等。

国外学者对于减税的消费效应研究起步较早，成果较为丰硕。布朗宁和科拉多（Browning and Collado，2001）发现西班牙的减税政策显著促进了居民的消费水平。苏莱莱斯（Souleles，2002）使用消费者支出的微观调查数据估计了 20 世纪 80 年代初的美国政府减税的消费效应，发现居民消费行为对减税非常敏感。约翰逊等（Johnson et al.，2006）估计了 2001 年美国联邦所得税退税所引起的家庭消费变化，发现在获得退税的 3 个月内，家庭将退税额的 20% ~ 40% 用于非耐用品的消费，并且在此期间和随后的 3 个月期间累计消费了大约 2/3 的退税，且这种消费刺激效应在流动性资产或者收入水平较低的家庭中更加明显。同样以美国联邦退税为研究对象，阿加尔瓦尔等（Agarwal et al.，2007）使用了信用卡账户面板数据分析了消费者的反应，结果显示，在获取税收返还的 9 个月内，样本家庭平均消费了 40% 的退税额。沙皮罗和斯勒姆罗德（Shapiro and Slemrod，2009）关注了美国布什政府在 2008 年经济刺激计划中的减税效果，通过调查问卷的方法分析了居民的消费行为。结果显示，仅有 1/5 的受访者表示 2008 年税收返还会增加他们的消费支出，大多数人则表示他们将收到的退税用于储蓄或者偿还债务。梅滕斯和拉文（Mertens and Ravn，2013）利用 SVAR 模型估计了美国税收变化的动态影响，发现在短期内个人所得税减税政策在创业、就业和刺激消费方面比公司利润税更加有效。森和卡亚（Şen and Kaya，2016）采用 SVAR 模型实证分析了税收冲击对土耳其私人消费支出的影响，研究发现从短期来看，所有税收冲击都能够对私人消费产生影响，但从长期来看，只有增值税和个人所得税会产生影响。总体来说，税收冲击对私人消费支出的影响存在差异，随着税收种类、支出组成部分和期限长短而不同。

随着我国经济发展，居民收入水平的提高以及税收制度的不断完善，个人所得税对经济领域的影响逐渐扩大（刘利利和刘洪愧，2020），个人所得税的消费效应也成为国内学者关注的焦点。

当政府征收个人所得税时，一方面可能造成居民收入和消费水平的下降；另一方面还可能通过其收入再分配效应而促进消费水平的提高，两种观点均得到了现有文献的支持。如王玉晓等（2020）基于Barro 理论模型，利用我国 2002～2014 年省级面板数据，并使用工具变量法分析了个人所得税、政府卫生支出以及消费税对居民消费的影响，研究结果表明个人所得税、消费税均会对居民消费产生抑制效应。徐全红（2013）的研究则发现个人所得税在长期和短期内均促进了我国居民的消费，其原因在于个人所得税免征额的逐渐提高和"劫富济贫"功能的逐步显现提高了居民的整体消费倾向。

关于个人所得税改革对居民消费行为的影响，限于微观数据的缺失，我国早期的研究多采用宏观数据。比如，王鑫和吴斌珍（2011）从宏观视角，基于我国部分城市的实际起征点在 2006 年以前已经提高的事实，利用 DID 模型估计 2006 年个人所得税改革对居民消费的影响，结果表明税收减免带来的收入增量的边际消费倾向在 1.40～1.66 之间，也就是说居民消费支出的增量高于减税带来的收入增量。进一步的分地区回归中发现，这种消费促进效应在东部地区、高收入地区中更加显著。缪慧星和柳锐（2012）建立 SVAR 模型分析了增值税、消费税和个人所得税对我国社会消费的冲击效应，发现税收与社会消费呈反方向变动关系，具体来说，减少个人所得税和消费税可以增加社会总消费，减征增值税可以暂时提高社会总消费，但这种效应短期内即会回落。李香菊和周丽珠（2013）基于我国 1985～2010年居民消费及收入数据建立时间序列模型，测度出我国居民可支配收入对人均消费支出的长期弹性系数为 0.6699。这证实了居民可支配收入是影响消费支出的最直接因素，如果个人所得税改革能够增加居民收入则可以提高消费水平。廖楚晖和魏贵和（2013）通过近20年的非平衡数据，运用群组协整检验的方法研究发现从长期来看，个人所得税对城镇居民的消费支出具有一定的负向影响，但关系较为微弱且不显著。

使用宏观数据分析微观问题可能导致聚集偏差，无法分析消费者的异质性，而采用微观数据则可更为清晰地分析纳税人的实际行为（Souleles，2002；黄晓虹，2018）。近年来，中国家庭追踪调查（CFPS）、中国家庭金融调查（CHFS）等微观调查项目的开展为更准确地评估居民消费行为提供了可靠的数据，因而，越来越多的研究开始采用微观调查数据进行实证分析。徐润和陈斌开（2015）、王秀燕等（2019）利用CFPS数据和双重差分模型（DID）实证检验了2011年个人所得税改革对我国居民消费支出的影响，得出的结论也基本一致。徐润和陈斌开（2015）发现工薪阶层的边际消费倾向大于1，并分析其原因在于我国工薪阶层预期其未来减税额会随着工资的提高而增长。王秀燕等（2019）实证结果显示个人所得税减税显著激励了居民的消费行为，并进行了较为细致的异质性分析。黄晓虹（2018）基于我国2011年的个人所得税改革，采用倾向得分匹配方法，利用CHIP数据，检验了个人所得税改革对我国居民的消费行为的影响，研究发现个人所得税免征额的提高促进了居民消费，且税率、级距的调整对居民消费的促进效应更加显著。

国内外学者对个人所得税减税的消费行为效应的观点是较为一致的，即个人所得税减税能够显著地增加居民的消费支出。但有少部分学者的观点并不相同。夏皮罗和斯勒姆罗德（Shapiro and Slemrod，2003）认为在减税政策下，居民的边际消费倾向并不会提高，反而会更低。张振卿（2010）、李文（2011）等均认为收入是影响居民消费行为的主要因素，而个人所得税并不是制约居民消费的关键因素。张涛和刘洁（2015）则通过我国28个省份在2004～2013年的面板数据就个人所得税改革对城镇居民消费的影响进行了实证检验，发现

2006 年个人所得税起征点的提高对城镇居民人均消费水平并无显著影响，2011 年个人所得税改革提高了城镇居民的边际消费倾向，但是程度较低。

部分文献还关注了居民的教育支出。个人所得税改革通过降低税负而提高了家庭的可支配收入，家庭收入的增加会通过放松预算收入而提高家庭的教育支出（万相昱等，2017）。伯德和佐尔特（Bird and Zolt，2005）提出个人所得税改革通过缩小家庭间的收入差距而促进家庭教育支出。刘利利和刘洪愧（2020）利用中国家庭追踪调查（CFPS）2010 年、2012 年数据和双重差分模型（DID）考察了2011 年个人所得税改革对家庭教育支出的影响，研究发现个人所得税改革减轻了家庭的教育负担，增加了家庭的教育支出，缓解了不同收入水平家庭的教育差距。

1.3.4　文献述评

通过前述文献梳理发现，在个人所得税的劳动供给、创业和消费等行为效应相关研究中，国外学者的研究起步较早，既有规范研究，亦有实证研究；国内学者的研究则起步较晚，在 2010 年之前以规范研究为主，在 2010 年之后实证研究开始逐渐增多。既有文献为本书提供了理论基础、分析工具和创新方向，但在以下几个方面，还有待提高。

首先，既有文献对我国个人所得税改革的创业效应的研究相对较少。以往对于个人所得税改革的创业效应的研究主要关注了税收优惠政策、宏观税负、企业所得税与个人所得税重复征税等因素。对个人所得税的创业效应研究较少，且未能详细分析个人所得税对居民创业行为的影响机制，并通过微观数据进行实证检验。实际上，自然人作为创业行为的主体，不论采取何种创业组织形式，个人所得税均会产生影响。个人所得税制度改革会改变工薪家庭的税负、税后收入、家庭创业资金的积累、创业的机会成本、创业回报等进而改变居民创业倾向。本书在现有文献的基础上，分析了个人所得税改革措施对居民创业行为的促进和抑制作用，并利用中国家庭金融调查数据进行了实证检验。

其次，既有文献未能将劳动供给、创业、消费三项最为关键的居民经济行为进行全面的研究。以往部分研究关注了劳动供给和消费，但仅限于分析个人所得税改革在某一方面的效应，未能将三项经济行为进行结合。本书在现有文献的基础上，从居民的经济行为出发，以协同于国家发展战略为目标，将居民的劳动供给、创业、消费这三项经济行为纳入统一的研究框架，较为全面地考察了个人所得税改革背景下的居民行为。

最后，既有文献关于个人所得税消费效应的研究尚待深入。以往研究多认为个人所得税改革使得居民获得减税收益，增加了税后收入，因而消费会增加，较多的研究估计了减税收益的消费倾向。但个人所得税改革还可能通过其他路径影响居民消费，比如个人所得税改革会通过促进或者抑制居民的劳动供给行为而影响居民收入和消费，还会通过改变居民的创业行为而影响居民收入和消费。本书在直接估计个人所得税改革对居民消费影响的基础上，还进一步将劳动供给、创业行为纳入消费效应的研究框架，更加细致、全面地考察了个人所得税改革对居民消费行为的促进效果。

1.4 研究内容与研究方法

1.4.1 研究内容

本书以"个人所得税的居民行为效应"为研究主题，基于我国个人所得税改革的制度背景，劳动年龄人口下降，劳动力市场供需不匹配，居民消费率长期偏低，推动创新创业高质量发展，打造"双创"升级版的经济和社会背景以及国家构建双循环发展格局的战略背景，以调整、引导和激励居民行为为切入点，以理论分析和实证检验为研究方法，以明晰个人所得税的劳动供给、创业和消费效应为路径，以期为进一步优化个人所得税制度，解决我国现阶段的劳动供给问题和居民消费率长期偏低问题以及促进居民创业，增强经济发展的内生动力提供一定的理论支撑和经验借鉴。本书的研究内容主要包括七个部分，具体如下。

第 1 章是绪论。本章的主要内容包括：介绍选题的背景和研究意义；对个人所得税、居民行为效应、劳动供给、创业、消费等主要概念进行界定；对与本书主题相关的文献进行梳理和总结，涉及个人所得税的劳动供给效应、创业效应、消费效应等方向的相关研究，并进行文献述评；介绍本书研究内容、研究思路、研究方法以及可能的创新之处和存在的不足。

第 2 章是我国个人所得税发展历程。本章按照时间顺序，从三个阶段概述了我国个人所得税的发展历程。其中，第一阶段（1980～1993 年）为初步建立阶段，此期间内，个人所得税、城乡个体工商户所得税、个人收入调节税三税并行，收入虽迅速提高，但占我国全部税收收入的比重基本在 1% 以下。第二阶段（1994～2017 年）为快速增长阶段，在此期间内，我国个人所得税制度经历了多次改革和完善，其税收收入从 1994 年的不足 50 亿元增长至 2017 年的近 1.2 万亿元，增加 200 多倍。第三阶段（2018 年至今）为调整完善阶段，进行了包括完善有关纳税人的规定，对部分劳动性所得实行综合征收，优化调整税率结构，提高综合所得基本减除费用标准，设立专项附加扣除，增加反避税条款等在内的多项改革。

第 3 章是个人所得税居民行为效应的理论分析。本章首先梳理了现代消费理论、供给与需求理论、最优所得税理论、行为经济学理论、计划行为理论以及劳动闲暇模型等六项与本书研究主题相关的重要理论。然后基于这六项理论的观点和方法对我国个人所得税的劳动供给效应、创业效应、消费效应的作用机制进行分析。其中，劳动闲暇模型用于分析居民在个人所得税改革背景下的劳动供给行为；计划行为理论为分析与预测居民的创业行为提供了良好的方法和工具；最优所得税理论为劳动供给效应的分析以及个人所得税制度的优化提供了一定的理论参考；现代消费理论和行为经济学理论则为分析居民的消费行为提供了良好的理论基础。

第4章是个人所得税劳动供给效应的实证分析。本章首先从供需两侧分析个人所得税对居民劳动供给行为的影响。在此基础上，基于中国家庭追踪调查（CFPS）数据，分别利用 Logistic 和 OLS 回归对个人所得税改革背景下的受雇人群劳动参与行为和劳动供给时间进行实证检验。

第5章是个人所得税创业效应的实证分析。本章以家庭为单位考察个人所得税的居民创业效应。首先分析个人所得税减税可能对居民家庭创业行为产生的促进和抑制作用，并提出研究假设。其次通过双重差分模型和中国家庭金融调查数据（CHFS）检验实际影响效果，并进一步考察了不同收入水平、不同地区、不同特征的家庭在创业行为效应上的差异。

第6章是个人所得税消费效应的实证分析。本章首先分析我国个人所得税的具体政策对居民消费行为的直接影响，以及以劳动供给和创业行为为中介的间接影响。其次，通过构建双重差分模型，利用中国家庭金融调查数据（CHFS）对居民家庭在个人所得税改革下的消费行为进行了实证检验。最后，基于三重差分模型分析了劳动供给和创业行为对个人所得税的消费效应的影响。本章的结论为发挥个人所得税减税的消费促进效应提供了微观层面的经验证据。

第7章是优化居民行为效应的个人所得税改革建议。本章从个人所得税改革的原则、思路和具体建议三个层次展开。首先分析我国现行个人所得税制度对公平与效率原则的体现，就如何权衡公平与效率原则进行了探讨。其次提出优化居民行为效应的个人所得税改革思路。最后从鼓励居民劳动供给、创业和消费的视角提出了具体的个人所得税改革建议，为完善个人所得税税制以更有效地调整、引导、激励居民经济行为提供一定的参考和借鉴。

1.4.2　研究思路

本书的研究以个人所得税对居民行为的影响为切入点，按照"研究概述—理论研究—实证研究—改革研究"的思路展开，技术路线如图 1 – 1 所示。

第一阶段在介绍研究背景及意义的基础上对个人所得税及相关概念、居民行为效应及相关概念进行界定，并梳理总结既有文献，规划研究内容、思路与方法，介绍研究的创新与不足，体现在本书的第 1 章之中。

第二阶段阐述我国个人所得税发展历程，本书主题相关的理论，建立个人所得税居民行为效应的理论分析框架，并逐项探讨个人所得税对居民劳动供给、创业和消费行为的作用机制，该阶段研究在第 2 章、第 3 章呈现。

第三阶段为个人所得税居民行为效应的实证分析，以我国个人所得税改革为契机，利用中国家庭追踪调查或者中国家庭金融调查等微观数据，通过 Logistic 模型、双重差分模型、三重差分模型等实证检验个人所得税对居民行为的实际影响，为优化居民行为、完善个人所得税制度提供经验证据。该阶段的研究根据所关注居民行为的不同分别在第 4 章、第 5 章、第 6 章呈现。

第四阶段基于优化居民行为视角提出个人所得税改革建议，按照原则、改革思路、具体改革建议三个层次展开。该阶段研究在本书的第 7 章中呈现。

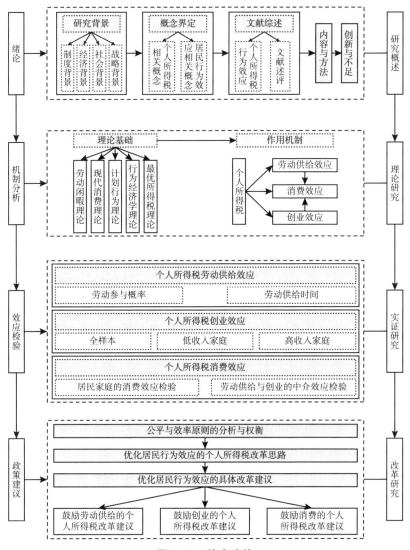

图 1-1 技术路线

1.4.3 研究方法

（1）文献研究法。

本书在撰写过程中阅读了与主题相关的学术著作和论文，对这些文献的理论、观点、方法和结论等进行了梳理、分析、探讨和归纳，为个人所得税的居民行为效应研究建立起理论基础。比如，阿杰森（Ajzen，1985，1991）提出的计划行为理论（TPB）为分析个体行为提供了良好的理论基础，本书将其应用于居民家庭创业行为的分析；行为经济学中的前景理论（Kahneman and Tversky，1979）、心理账户理论（Thaler，1985）可以比传统经济学更加准确地解释和预测个体行为，本书将其应用于分析居民家庭的劳动供给、创业、消费行为和提出政策建议。此外，既有文献还为本书的实证模型建立、变量选择等提供了参考。

（2）理论分析法。

本书将理论分析法用于分析个人所得税对居民行为的作用机制。在理论分析部分，基于劳动闲暇模型分析个人所得税改革背景下劳动力市场的劳动供给与需求；基于计划行为理论分析个人所得税改革措施对创业行为态度、创业主观规范、感知创业行为控制等创业倾向影响因素的促进或者抑制作用；基于行为经济学理论论证居民在面临个人所得税改革时如何在受雇与创业之间作出选择，如何在心理上建立账户对自己的收入和消费支出作出单独决策等。

（3）实证研究法。

对于个人所得税改革是促进还是抑制了居民的劳动供给，是降低还是提高了居民的创业概率，个人所得税减税是否能够促进居民消费，减税收益的边际消费倾向如何，本书通过实证研究的方法获取相应证据。通过构建 Logistic 模型、双重差分模型、三重差分模型，利用 CFPS、CHFS 等数据库样本数据来估计个人所得税改革对我国居民的劳动供给、创业、消费行为的影响效果。

1.5 可能的创新与不足

1.5.1 可能的创新之处

第一，在研究角度上，本书从居民行为出发，以服务于国家发展战略为导向，将居民的劳动供给、创业、消费这三项行为纳入统一的研究框架，拓展了个人所得税效应研究。

对于个人所得税的效应，既有文献多关注其组织财政收入、调节收入差距等功能的发挥，在调控经济方面，部分文献主要关注了劳动供给和消费，但仅限于分析某一方面的效应，未能将劳动供给、创业、消费三项行为进行结合。通常情况下，受雇劳动和创业投资是居民获取收入的主要路径，而消费则是居民支出的最主要路径。本书创新研究视角，从居民的行为出发，以协同于国家"扩大内需""构建以国内大循环为主体、国内国际双循环相互促进的新发展格局"等发展战略为目标，将居民的劳动供给、创业、消费这三项经济行为纳入统一的研究框架，拓展了个人所得税效应研究，丰富相关研究成果。

第二，在研究内容上，本书分析了个人所得税对居民劳动供给、创业、消费行为的影响，并实证检验了作用效果，为调整、引导、激励居民行为促进经济社会可持续发展提供了可参考的经验证据。具体体现在以下三个方面。

首先，通过分析个人所得税对居民劳动供给行为的作用机制，并利用 CFPS 数据和 Logistic 模型进行实证检验，研究了当前阶段个人所得税的劳动供给效应，能够在劳动力市场供需不平衡和劳动年龄人口比例下降的背景下，提高我国劳动力的有效供给和劳动参与率提供一定的参考。

其次，从促进和抑制两个方面探讨了个人所得税对居民创业行为的影响，并利用双重差分模型和 CHFS 数据进行了实证检验。既有文献极少关注个人所得税对居民创业行为的影响。本书详细分析了个人所得税制度及其变革对居民创业行为的促进和抑制作用，即通过提高家庭的资金基础、风险承担能力和人力资本积累促进家庭创业，通过提高家庭的工资薪金收入，增加创业机会成本，降低创业激励而抑制家庭创业。在此基础上，利用双重差分模型和 CHFS 数据进行了实证检验，补充了个人所得税效应的相关研究。

最后，在探讨个人所得税影响居民消费的直接路径的基础上，进一步探讨了以劳动供给和创业为中介的间接路径，深化了个人所得税消费效应的研究。现有文献普遍认为个人所得税减税通过提高居民的税后收入而提高消费水平，并通过实证方法估计减税收益的边际消费倾向。实际上，个人所得税还可能通过影响居民的劳动供给和创业而间接影响消费行为。本书在分析了个人所得税对居民消费行为直接影响的基础上，将劳动供给和创业因素纳入个人所得税消费效应的分析之中，探讨了二者的中介作用，并通过建立三重差分模型进行了实证检验。

第三，在研究方法上，本书开创性地将计划行为理论、行为经济学理论用于分析居民在个人所得税改革背景下的三项经济行为。

计划行为理论由阿杰森（Ajzen，1985，1991）提出，能够较为准确地预测个体行为。诸多学者将其应用于分析购物、健康、休闲、创业等行为。本书对计划行为理论进行了一定的拓展，用于分析个人所得税改革下的居民创业行为。探讨劳动所得、经营所得的税负变化和具体的个人所得税改革措施对创业行为态度、创业主观规范、感知创业行为控制的影响。

行为经济学通过引入心理学、社会学等学科的相关成果，丰富和充实了新古典经济学的核心假设和相关理论，极大地提高了经济学理论的解释和预测能力，是研究居民个体行为决策的重要理论。本书将行为经济学中的前景理论、禀赋效应理论用于分析居民的创业行为以及劳动行为，将心理账户理论用于分析居民的消费行为。

1.5.2　可能存在的不足

本书可能的研究不足主要体现在研究数据的不统一。北京大学中国社会科学调查中心所进行的中国家庭追踪调查项目（CFPS）的2018 年和 2020 年调查数据正好跨越了最近一次个人所得税改革前后的期间，可以为我们研究个人所得税的居民行为效应提供较好的样本数据，但目前只公布了个人库数据，尚未公布家庭库数据，因此本书将其用于检验居民个人的劳动供给行为。对于居民家庭的创业和消费行为则需要基于家庭的样本数据进行实证分析，限于 CFPS 2020 年家庭数据库的可获得性，本书选用了中国家庭金融调查（CHFS）2011年和 2013 年的数据，以 2011 年个人所得税改革为事件冲击，进行了相关研究。

第 2 章　我国个人所得税发展历程

个人所得税最早由英国于 1799 年开始征收，随后法国、德国和美国等也相继开征，主要目的在于筹集战争所需经费，因此个人所得税是以其筹集收入的功能而出现在历史舞台的。20 世纪 30 年代，西方国家遭遇经济大危机，个人所得税作为"自动稳定器"开始受到关注和重视。到 20 世纪中叶，第二次世界大战以后世界主要国家的经济得以恢复和发展，调节收入分配差距逐渐成为个人所得税的重要职能。如今，个人所得税已经成为世界绝大多数国家的主要税种之一，也是财政收入的主要来源。

从中华人民共和国成立至改革开放的 30 年左右的时间中，除仅存在 10 年左右的利息所得税外，我国未对个人所得征税。从 1980 年正式开征至今，我国的个人所得税发展仅经历了 40 余年时间，先后进行了 7 次改革，大致可以分为三个阶段。第一阶段（1980～1993 年）为初步建立阶段；第二阶段（1994～2017 年）为快速增长阶段；第三阶段（2018 年至今）为调整完善阶段。

2.1　第一阶段（1980～1993 年）：初步建立阶段

此阶段个人所得税、城乡个体工商户所得税、个人收入调节税三税并行，纳税义务人分别为外籍人员、我国个体工商户、我国公民。该阶段，我国的个人收入虽迅速提高，但占税收收入的比重基本在 1% 以下，如表 2 - 1 所示。

表 2 - 1　　1980 ～ 2021 年我国个人所得税收入及其占税收收入比重

年度	个人所得税（亿元）	税收总收入（亿元）	个人所得税占比（%）	年度	个人所得税（亿元）	税收总收入（亿元）	个人所得税占比（%）
1980	0.0016	571.70	0.0003	2001	995.26	15301.38	6.50
1981	0.05	629.89	0.01	2002	1211.78	17636.45	6.87
1982	0.10	700.02	0.01	2003	1418.03	20017.31	7.08
1983	0.17	775.59	0.02	2004	1737.06	24165.68	7.19
1984	0.34	947.35	0.04	2005	2094.91	28778.54	7.28
1985	1.32	2040.79	0.06	2006	2453.71	34804.35	7.05
1986	5.25	2090.73	0.25	2007	3185.58	45621.97	6.98
1987	7.17	2140.36	0.33	2008	3722.31	54223.79	6.86
1988	8.68	2390.47	0.36	2009	3949.35	59521.59	6.64
1989	17.12	2727.40	0.63	2010	4837.27	73210.79	6.61
1990	21.13	2821.86	0.75	2011	6054.11	89738.39	6.75
1991	25.03	2990.17	0.84	2012	5820.28	100614.28	5.78
1992	31.36	3296.91	0.95	2013	6531.53	110530.70	5.91
1993	46.82	4255.30	1.10	2014	7376.61	119175.31	6.19
1994	72.67	5126.88	1.42	2015	8617.27	124922.20	6.90
1995	131.39	6038.04	2.18	2016	10088.98	130360.73	7.74
1996	193.06	6909.82	2.79	2017	11966.37	144369.87	8.29
1997	259.55	8234.04	3.15	2018	13871.97	156402.86	8.87
1998	338.59	9262.80	3.66	2019	10388.53	158000.46	6.57
1999	413.66	10682.58	3.87	2020	11568.26	154312.29	7.50
2000	659.64	12581.51	5.24	2021	13993.00	172731.00	8.10

资料来源：笔者根据《中国统计年鉴》、财政部《2021 年财政收入情况》相关资料计算所得。

（1）1980 年开征个人所得税。

在我国改革开放以后，我国对外经济规模不断扩大，外籍来华工作人员日益增多。为了维护国家税收权益，1980 年 9 月第五届全国人民代表大会第三次会议通过《个人所得税法》，统一适用中国公民和在我国取得收入的外籍人员，实际纳税人主要为外籍人员。征税范围包括工资薪金所得，劳务报酬所得，特许权使用费所得，利息、股息、红利所得，财产租赁所得以及其他所得。其中，对工资薪金所得，在扣除 800 元/月的费用后，采用 5%～45% 的超额累进税率；对工资薪金所得以外的项目则采用 20% 的比例税率。

（2）1986 年开征城乡个体工商户所得税。

1986 年 1 月，国务院发布《中华人民共和国城乡个体工商户所得税暂行条例》开征城乡个体工商户所得税，纳税义务人为工商管理部门批准的城乡个体工商户。应纳税所得额为营业收入扣除成本、费用、损失等之后盈利，采用 0～60% 的超额累进税率。当年应纳税所得额超过 5 万元时，还需加征 10%～40%。

（3）1987 年开征个人收入调节税。

1986 年 9 月，国务院发布了《中华人民共和国个人收入调节税暂行条例》，开征个人收入调节税，纳税义务人为在中国境内有住所并取得个人收入的中国公民，不包括外籍人员。征收范围包括工资薪金收入，承包、转让收入，劳务报酬收入，财产租赁收入，专利权转让、专利实施许可和非专利技术提供、转让收入，投稿、翻译收入，利息、股息、红利收入以及其他收入等共 8 类。其中，综合收入（前 4 类收入之和）超过所属地区计税基数的，就超过基数 3 倍以上的部分按照 20%～60% 的超倍累进税率纳税，超过地区计税基数 1 倍且低于 3 倍的部分不纳税。前 4 类以外的专利权转让、专利实施许可和非专利技术提供、转让收入，投稿、翻译收入按次征收，收入额未超过 4000 元时，可减除 800 元费用，收入超过 4000 元时则可减除 20% 的费用，余额按照 20% 的比例纳税。利息、股息、红利收入则不可减除费用，直接按照 20% 的比例纳税。

1980~2020 年我国个人所得税收入及其占税收收入比重变化趋势，如图 2-1 所示。

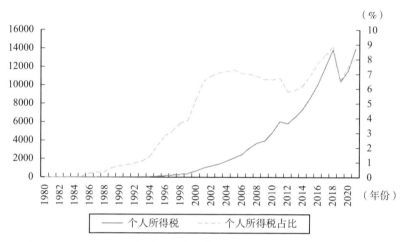

图 2-1　1980~2020 年我国个人所得税收入及其占税收收入比重趋势

2.2　第二阶段（1994~2017 年）：快速增长阶段

该阶段的个人所得税先后进行了 6 次改革，但自 1994 年的第一次改革后，个人所得税基本框架保持稳定，改革内容主要涉及减除费用、税率、级距的调整以及征税范围的微调。随着我国经济的迅速发展和居民收入水平的快速提高，我国个人所得税收入从 1994 年的不足 50 亿元增长至 2017 年的近 1.2 万亿元，增加 200 多倍，占税收收入的比重也从 1.1% 快速增加至 8% 以上。

（1）1994 年的第一次改革：将三部个人所得税法律、法规进行合并、修正。

为了统一、规范和完善我国个人所得税制度，第八届全国人大常

务委员会对前述三部个人所得税法律、法规进行了合并和调整,并于
1993 年 10 月 31 日公布了修正后的《个人所得税法》,自 1994 年 1
月 1 日起施行。

合并后的个人所得征税范围包括工资、薪金所得,个体工商户生
产、经营所得,对企业事业单位的承包经营、承担经营所得,劳务报
酬所得,稿酬所得,特许权使用所得,利息、股息、红利所得,财产
租赁所得,财产转让所得,偶然所得,经国务院财政部门确定征收的
其他所得等 11 个人所得税目。其中,对工资、薪金所得税在扣除
800 元的费用(外籍人员费用扣除标准为 4000 元)后,采用 5% ~
45% 的 9 级超额累计税率征税。对劳务报酬在扣除 800 元(当次收入
额不超过 4000 元)或者 20% (当次收入额超过 4000 元)的费用后,
采用 20% 的税率按次纳税。当单次收入超过 20000 元和 50000 元时
分别加征 50% 和 100% 。经营所得以及对企业事业单位的承包经营、
承担经营所得采用 5% ~ 35% 的超额累进税率。上述 4 项所得以外的
收入,主要采用 20% 比例税率。

(2) 1999 ~ 2011 年的五次改革。

1999 年 8 月 30 日,第九届全国人大常务委员会第十一次会议决
定第二次修正了《个人所得税法》,增加了对储蓄存款利息征收个人
所得税的开征时间和征收办法。

2005 年 10 月 27 日,第十届全国人大常务委员会第十八次会议
决定对《个人所得税法》进行第三次修正,自 2008 年 1 月起,将工
资、薪金所得的费用扣除标准从之前的每月 800 元提高至 1600 元,
同时增加了纳税人办理纳税申报的相关规定。

2007 年 6 月 29 日,第十届全国人大常务委员会第二十八次会议
决定对《个人所得税法》进行第四次修正,增加"对储蓄存款利息
所得开征、减征、停征个人所得税及其具体办法由国务院规定"的
内容。

2007 年 12 月 29 日,第十届全国人大常务委员会第三十一次会

议对《个人所得税法》进行第五次修正，规定自 2008 年 3 月 1 日起，工资薪金费用减除标准由 1600 元提高至 2000 元。

2011 年 6 月 30 日，第十一届全国人大常务委员会第二十一次会议对《个人所得税法》进行第六次修正。内容包括：将工资薪金费用减除标准由 2000 元提高至 3500 元（外籍人员为 4800 元），将税率由 9 档调整为 7 档，减少 15% 和 40% 两档税率，最低档税率由 5% 降至 3%；对个体工商户生产、经营所得，企业承包承租经营所得扩大了税率级距。

2.3 第三阶段（2018 年至今）：调整完善阶段

2018 年 8 月 31 日，第十三届全国人大常务委员会第五次会议决定对《个人所得税法》进行第七次修正。此次修改为重大改革，改革内容主要包括：完善有关纳税人的规定；对部分劳动性所得实行综合征收；优化调整税率结构；提高综合所得基本减除费用标准；设立专项附加扣除；增加反避税条款。

（1）完善有关纳税人的规定。

为适应个人所得税改革对居民和非居民两类纳税人在征税方式上等方面的不同要求，借鉴国际惯例，引入了居民个人和非居民个人的概念，并将在中国境内的居住时间作为判定标准，由改革前的是否满一年调整为是否满 183 天，以更好地行使税收管辖权，维护国家税收权益。

（2）对部分劳动性所得实行综合征收。

按照逐步建立"综合与分类相结合"的个人所得税税制要求，结合现实状况，将工资薪金所得、劳务报酬所得、稿酬所得、特许权使用费所得纳入综合征收范围，适用统一的 7 级超额累进税率，并采用预扣预缴与汇算清缴结合的征收制度。

（3）优化调整税率结构。

对于综合所得税率，以改革前的税率为基础调整为按年征收的税率和级距。扩大 3%、10%、20% 三档税率级距，缩小 25% 档的级距，30%、35%、45% 三档税率级距保持不变。

对于经营所得，仍旧采用 5%~35% 的 5 级超额累进税率，但调整了各档税率间的级距。

（4）提高综合所得基本减除费用标准。

改革前工资、薪金所得，劳务报酬所得，稿酬所得，特许权使用费所得适用不同的费用扣除标准。改革后的综合所得基本减除费用标准提高至 5000 元/月（60000 元/年）。

（5）设立专项附加扣除。

新设子女教育、继续教育、大病医疗、住房贷款利息、住房租金、赡养老人等六项专项附加扣除，分别设定相应扣除标准和额度。2022 年 3 月新设立 3 岁以下婴幼儿照护专项附加扣除项目。

（6）增加反避税条款。

参照企业所得税法有关反避税规定，针对个人不按独立交易原则转让财产，在境外避税地避税，实施不合理商业安排获取不当税收利益等避税行为，赋予税务机关按照合理方法进行纳税调整的权力。

此次改革后，我国个人所得税收入由 2018 年的 13871.97 亿元下降至 2019 年的 10388.53 亿元。据测算，2018 年个人所得税改革中，仅基本费用减除标准提高一项措施就可使得我国个人所得税纳税人数减少 1.2 亿以上，纳税人占城镇就业人员的比例由 44% 降低至 15%①。如果将新增的专项附加扣除项目考虑在内，纳税人比例将更

---

①　在财政部 2018 年 8 月举行的新闻发布会上，时任财政部副部长程丽华表示，"仅以基本减除费用标准提高到每月 5000 元这一项因素来测算，修法后个人所得税的纳税人占城镇就业人员的比例将由现在的 44% 降至 15%"。人力资源和社会保障部发布《2017 年度人力资源和社会保障事业发展统计公报》，其中显示，截至 2017 年末，中国城镇就业人员为 4.2462 亿人。由此，可以得出——个税改革前，纳税人数约为 1.87 亿人，个税新政后纳税人数下降至约 6400 万人。随着个税起征点提高，有 1.23 亿人不再需要缴纳个税。

低，这意味着至少85%的城镇就业人员无须缴纳个人所得税。

此次个人所得税改革具有重要的历史意义，对部分劳动所得实行综合征税迈出了我国个人所得税向综合税制转变的坚实一步，专项附加扣除项目的引入使得税负与家庭的实际状况更加匹配，既体现了量能负担原则，又实现了定向降负，为激励、引导居民的生育、教育等行为，发挥个人所得税的行为效应打下了制度基础。

第 3 章　个人所得税居民行为
效应的理论分析

本章首先介绍与个人所得税居民行为效应相关的理论基础，包括
劳动闲暇理论、现代消费理论、计划行为理论、最优所得税理论、供
给与需求理论和行为经济学理论。其中，劳动闲暇理论、最优所得税
理论、供给与需求理论为分析个人所得税改革背景下的居民劳动供给
行为提供了理论支撑；计划行为理论则能够准确地预测居民的行为，
与行为经济学理论共同为个人所得税的创业效应的分析提供了良好的理
论基础；现代消费理论能够较好地阐释个人所得税减税背景下的居民消
费行为，行为经济学理论则为更好地发挥减税收益的消费促进效应提供
了理论上的指导。其次，本章以前述理论为基础，结合个人所得税的税
率、级距、费用扣除、税负、减税方式等，建立个人所得税对居民的劳
动供给、创业和消费三项行为的理论分析框架。最后，本章基于所建立
的理论分析框架，逐项分析了我国个人所得税对居民的劳动供给、创业、
消费三项经济行为的作用机制，为后续章节的实证研究奠定基础。

3.1　理　论　基　础

3.1.1　劳动闲暇理论

经济学家对居民劳动供给的分析方法和观点并不相同。较为简单

的一种分析方法是将劳动看作是普通的商品，劳动供给量是劳动工资率的递增函数，工资率越高，劳动供给时间也越长。然而，由于劳动者每天拥有的时间是有限的，不可能一直增加下去，且在劳动时间超过一定限度后，劳动的边际收益会降低甚至为负，因此，劳动供给并非劳动工资率的单调递增函数。该方法更适合分析一国或地区劳动供给的总体规模和数量。而劳动闲暇模型在分析个体劳动时间方面则有更为广泛的应用与认可度。

在劳动闲暇模型中，经济学家通常将劳动者的时间分配设定为劳动和闲暇两项，且二者具有互斥性和替代性。在扣除必要的休息时间后，劳动者可支配的时间可能用于劳动以获取收入或者用于闲暇以带来自由和身心愉悦。对于同一段时间，个体要么选择工作，要么选择闲暇，因而具有互斥性。个体可支配时间的总和是不变的，劳动与闲暇此消彼长，因而具有替代性。劳动者在劳动与闲暇之间的时间分配结果则取决于劳动者的个人效用的最大化。工资率是单位劳动时间的收益，亦为单位闲暇时间的机会成本，是影响劳动者对劳动与闲暇选择的关键因素。此外劳动者除工资以外的其他收入也会影响其劳动供给决策。

在劳动闲暇模型中，工资率是居民劳动供给的关键因素。由于包括个人所得税、社保费用在内的"税收楔子"的存在，改变了劳动者的实际工资率以及闲暇的机会成本，因而会改变劳动者的时间资源在闲暇和劳动之间的分配状况，即改变劳动者的劳动供给行为。因此，个人所得税的基本减除费用标准、税率、级距等因素的变动会改变"税收楔子"的水平进而改变劳动者的劳动工资率和劳动供给行为。个人所得税制度的变革对调整、激励居民的劳动供给行为具有重要意义。

3.1.2　计划行为理论

计划行为理论（theory of planned behavior, TPB）是阿杰森

（Ajzen，1985，1991）在将感知行为控制因素引入理性行为理论的基础上而提出的（段文婷和江光荣，2008）。该理论认为个体的行为态度（attitude toward the behavior）、主观规范（subjective norm）、感知行为控制（perceived of behavioral control）等因素通过影响个体行为倾向（intention）向而影响实际行为（behavior）。计划行为理论的结构如图 3 - 1 所示。

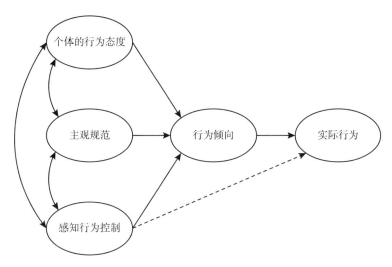

图 3 - 1　计划行为理论

个体的行为态度（attitude toward the behavior）是指个体对待某项行为所持有的正面或者负面的态度。主观规范（subjective norm）是指个体在决定是否执行某项行为时所感受到的社会压力，反映了对该个体的行为决策具有影响力的其他个人或者团体所发挥的影响。感知行为控制（perceived of behavioral control）是指个体对执行某项行为的容易程度或困难程度的感知，其受到个人的能力、资源、机会、意向和行为特征等因素的影响。

行为倾向（intention），即个体执行某项行为的倾向，是计划行为理论的核心因素，其可以捕捉所有影响个体行为的动机因素。个体的行为倾向越强烈，执行某项行为的可能性便越大。

实际行为（behavior）是指个体实际采取行动的行为。实际行为是由个体的行为倾向、行为控制能力共同决定的。如果个体拥有行为控制能力，那么行为倾向就会对目标行为产生影响。

计划行为理论的主要观点包括：第一，不同行为的决定条件并不相同，个体意志不能完全控制的行为除受到个体行为意向的影响外，还受到个体的行为能力、资源、机会等因素的制约；个体能够完全控制的行为或者实际控制条件充分的行为，行为意向则直接决定行为。第二，准确的感知行为控制能够作为行为控制条件的代理变量，用于预测个体实际行为的发生概率（图3-1中虚线所示），预测的准确性与感知行为控制的准确性正相关。第三，行为意向决定于3个主要变量，即个体行为态度、主观规范和感知行为控制。第四，对于某项行为，个体通常拥有大量的信念，但在特定的环境和条件下只有极少的信念被捕捉，并成为行为态度、主观规范和感知行为控制的认知与情绪基础，被称为凸显信念。第五，个体特征及文化背景通过行为信念而间接影响行为态度、主观规范和感知行为控制并最终影响行为意向和行为。第六，行为态度、主观规范和感知行为控制既彼此独立又相互影响，两两相关。

部分学者在计划行为理论的基础上进行了拓展性的研究，将其应用于预测或者分析个体的休闲行为（Ajzen，1992）、创业（林嵩和姜彦福，2012）、互联网购物（George，2004）、健康行为（Godin and Kok，1996）等。如林嵩和姜彦福（2012）将区域制度环境、创业项目特征、家庭和社会关系等因素融入计划行为理论，分析这些因素对个体创业行为的影响。乔治（George，2004）以计划行为理论为基础，调查了对互联网隐私和可信度的信念，以及对感知行为控制和重要他人期望的信念与在线购买行为之间的关系。

依据计划行为理论，居民对于创业行为的态度、主观规范和感知行为控制决定了其创业倾向以及是否会进行创业。尽管计划行为理论并未将宏观经济、制度因素纳入模型，但个人所得税改革等制度因素的变动可能通过影响个体行为态度、主观规范和感知行为控制而影响创业行为倾向和实际创业行为。在个体行为态度方面，由于个人所得税具有较强的税负感知度，关于经营所得的个人所得税税负高低会对创业项目的未来收益以及可行性产生重要影响，同时还会在一定程度上影响个体对创业行为是否受到国家支持的主观感受，因而个人所得税会影响个体对创业行为的态度。在主观规范方面，个人所得税税负、优惠政策等既可影响创业项目收益，又会影响个体周围人群以及社会对待创业行为的观念，因而会对个体的创业主观规范产生一定的影响。在感知行为控制方面，经营所得的个人所得税政策决定着创业项目的税后收益，项目经营的现金净流量以及需要持续投入资金的规模，工资薪金、劳务报酬等劳动所得的个人所得税税负决定了创业者及其家人的税后工资水平以及在创业前的资金积累，这在很大程度上决定了创业者的投资能力以及创业项目的难易程度，因而个人所得税同样会影响个体的感知创业行为控制因素。

3.1.3　现代消费理论

现代西方消费理论的相关研究起源于 20 世纪 30 年代（罗晰文，2014）。经过了近 100 年的发展，目前代表性的消费理论包括绝对收入消费理论（absolute income hypothesis）、相对收入消费理论（relative income hypothesis）、生命周期消费理论（the life-cycle hypothesis）、永久收入消费理论（permanent income hypothesis）。

绝对收入消费理论由凯恩斯（J. M. Keynes）在其 1936 年出版的著作《就业、利息和货币通论》（*General Theory of Employment, Interest and Money*）中提出。该理论的主要观点为：一是收入水平、商品价格、消费者偏好、财产状况、社会保障等因素会影响家户消费，其中收入水平具有决定意义；二是家户的消费会随着收入的提高而增加，但其增加的幅度会小于收入提高的幅度，二者之间的关系被称为消费倾向或者消费函数；三是平均消费倾向始终是高于边际消费倾向的，且二者通常都是递减的。

根据绝对收入消费理论，家户的收入水平越高，其消费支出占收入的比例便会越低，边际消费倾向也会越低；家户的收入水平越低，其消费支出占收入的比例便会越高，边际消费倾向也会越高。低收入水平家庭的平均边际消费倾向和边际消费倾向通常均会高于高收入家庭。因此，对低收入家庭给予个人所得税减免形成的减税收益的消费倾向要高于高收入家庭。

相对收入消费理论由杜森贝里（J. S. Duesenberry）在其 1949 年出版的著作《收入、储蓄和消费者行为理论》（*Income, saving, and the theory of consumer behavior*）中提出。该理论认为消费者的消费水平受到其以往的消费习惯和周围人群的消费行为的影响，因此消费是相对的决定的；消费者的长期消费函数与短期消费函数不同，前者为以原点为起点的直线，后者为正截距的曲线；消费者的消费容易随着收入的提高而增加，但较难随着收入的降低而减少，因此短期消费函数的截距为正，即"棘轮效应"；消费者的消费还会受到周围人群消费的影响，即"示范效应"。根据相对收入消费理论，当个人所得税改革表现为减税趋势时，会带来收入水平的提高，消费者的消费水平也会有所提高。

生命周期消费理论由莫迪利亚尼（F. Modigliani）提出，该理论认为人们在更长时间范围内计划他们的生活消费开支，以达到在整个生命周期内消费的最佳配置。按照该理论，年轻人和老年人的收入偏低，消费占收入比例较高，甚至超过收入；中年人的收入较高，可能偿还年轻时的债务并存钱以备养老，消费占收入比例会低一些。当社会中年轻人和老年人的比例增大，总的消费倾向便会较高。

永久收入消费理论由弗利曼（M. Friedman）提出，该理论认为消费者的消费支出主要是由其永久性收入决定的，而非当期收入。暂时性的收入增加并不能带动消费的明显增加，即边际消费倾向很低，甚至接近于 0；永久性的收入增加会显著提高消费支出，边际消费倾向很高，甚至接近于 1。根据永久收入消费理论，不同性质的个人所得税减税收益的消费效应是不同的，暂时性的个人所得税减税收益对于居民的永久性收入影响较小，因而难以显著提高居民的消费，而永久性的个人所得税减税收益才能够显著提高居民的消费。

现代消费理论能够为分析个人所得税改革背景下的居民消费行为提供了良好的理论指导。个人所得税减税的对象为高收入人群、中等收入人群还是低收入人群，个人所得税减税是暂时性政策还是永久性政策，这些都会影响减税的居民消费行为效应。通常情况下，高收入人群的消费需求已经得到满足，因而获得减税收益时不大可能提高消费水平。而低收入人群未得到满足的消费需求更高，消费潜力更大，会将较大比例的减税收益用于消费支出。中等收入人群将减税收益用于消费支出的程度则位于高收入人群和低收入人群之间。此外，如果面临的是暂时性的个人所得税减税政策，理性的消费者会将减税收益平滑到整个生命周期的各个阶段以实现个人效用最大化；如果面临的是永久性的个人所得税减税政策，消费者则无须将减税收益平滑到生命周期的各个阶段。

3.1.4　行为经济学理论

行为经济学是以更贴近经验事实为目的，对具有现实心理特征的当事人如何参与配置稀缺资源的研究（那艺和贺京同，2019）。传统经济学的"理性经济人"假设忽视了心理和社会环境对行为人经济决策的影响（郭月梅和赵明洁，2021），以致在现实中常会出现一些异象，使得标准经济学模型无法做出合理的解释和精准预测，甚至完全无法预测。而行为经济学通过引入心理学、社会学等学科的相关成果，丰富和充实了新古典经济学的核心假设和相关理论（那艺和贺京同，2019），其核心是坚信将经济中人的模型更加精确化可以改善我们对经济学的理解，进而能够解释现实中出现的异象，可以极大地提高经济学理论的解释和预测能力，是研究居民个体行为决策的重要理论，是对主流（经典）经济学的继承和发展，是主流经济学的前沿，而不是所谓的经济学的一个分支。行为经济学对分析个体的劳动供给、创业投资、消费支出等具有重要的理论意义。

西蒙（Simon，1956）提出了"有限理性"的概念，形容决策者在获取和处理信息时所面临的认知局限。之后，诸多文献（Schelling，1960；Ellsberg，1961；等等）在此基础上进行了补充和拓展。卡尼曼和特沃斯基（Kahneman and Tversky，1979）引入心理学因素，基于不确定条件分析个人的决策选择，提出了前景理论，标志着行为经济学的诞生，而前景理论也成为行为经济学的核心理论。此后，诸多学者继续推动行为经济学的发展，先后提出禀赋效应（Thaler，1980）、效率工资假说（Akerlof，1982）、心理账户理论（Thaler，1985）、社会偏好理论（Kahneman et al.，1986）、跨期选择理论（Laibson，1997）等一系列行为经济学理论，取得了较多的研究成果，行为经济学的理论框架得到进一步完善（郭月梅和赵明洁，2021），并逐渐成为一个备受瞩目的学术领域。

麦卡特里和斯勒姆罗德（McCattrey and Slemrod，2006）在行为经济学的基础上首先提出了行为财政学的理念，并提出了行为财政学的研究内容，包括财政与有限理性之间的作用关系，纳税人的选择偏好以及纳税遵从问题等。切蒂等（Chetty et al.，2009）则基于行为经济学视角研究了税收凸显性对居民行为影响的经济与社会效应。我国学者运用行为经济学理论研究了税收遵从问题（储德银和韩一多，2016；崔亚飞等，2019）。而郭月梅和赵明洁（2021）则基于行为经济学理论分析了个人所得税改革对个体纳税遵从的影响。郑学步和薛畅（2020）基于行为经济学中的前景理论，并利用倾向得分匹配方法实证检验了个人所得税改革对纳税人税收遵从行为的影响。

目前行为经济学的主要理论包括前景理论、禀赋效应、心理账户、跨期选择理论等。

前景理论（prospect theory）是卡尼曼和特沃斯基（Kahneman and Tversky, 1979）将心理学研究应用于经济学，以损失厌恶为基础提出的一个风险选择模型。前景理论的主要观点包括确定效应、反射效应、参考依赖、损失规避等。确定效应是指人们在面临收益时倾向于选择确定的收益，表现为风险厌恶。反射效应是指人们在面临损失时倾向于选择不确定的方案，以博取更小的损失，表现为喜好风险。人们对于同等大小的收益和损失的风险偏好恰好相反的现象被称为镜像效应。前景理论为分析工薪家庭在个人所得税减税背景下的创业行为提供了一定的理论依据。

禀赋效应（endowment effect）理论由泰勒（Thaler, 1980）提出，是指个人一旦拥有某项物品或者资产，那么他对该项物品或者资产的评价就会比未拥有之前显著提高。萨缪尔森和泽卡豪瑟（Samuelson and Zeckhauser, 1988）的进一步研究发现，大多数决策行为中都包括一个"维持现状"的替代方案，并且通过一系列的决策实验表明个体存在坚持现状倾向，不愿轻易作出改变。

心理账户理论（mental accounting）由泰勒（Thaler, 1985）正式提出，是指人们通过对自己的收入、支出、资金、财产等进行分类、编码、记录进而允许分开进行决策。心理账户理论假定人们为了记录支出并进行支出决策，会在头脑中建立心理分类账户，用于对收入和费用进行分类核算，对交易行为进行分类决策而不是将所有的交易放在一起考虑进而得出最优消费税。

根据心理账户理论，人们会将自己的收入按照其来源不同而区分为受雇工资、创业盈利、减税收益或者税收返还、奖金、转移收入、偶尔所得等多种类型，被分别记入"应得""额外所得""意外所得"等不同的心理账户。对不同心理账户上记录的收入，人们的支出方向和标准也会有所不同。对于"应得"账户上记录的劳动收入与创业收入，人们会认为是通过自己辛苦劳动和经营而取得。对于个人所得税减税收益或者退税，人们会觉得是自己的额外收入或者意外之财。进一步从边际消费倾向来看，不同的心理账户中记载的收入会有所不同。

3.1.5 最优所得税理论

最优所得税理论的核心问题是：在选定以所得作为课税基础后，怎样课税才是最优的（邓子基和李永刚，2010）。埃奇沃思（Edge-worth，1897）最早开展了最优所得税理论的研究，他在假定个人效用完全相同且政府征税额一定的前提下，能够让社会总效用最大化的税收即为最优所得税，其结论是最优所得税下的居民人均税后财富相等。这显然会导致绝对的平均主义，抑制经济活力。在这之后，最优所得税理论进一步分化为最优线性所得税和最优非线性所得税。谢辛斯基（Sheshinski，1972）、斯特恩（Stern，1976）等文献研究了前者，而米勒斯（Mirrlees，1971）、西德（Seade，1977）、亨格比勒等（Hungerbühler et al.，2006）等文献则主要关注了后者。

最优线性所得税理论的相关研究主要包括斯特恩（Stern，1976）和谢辛斯基（Sheshinski，1972）等。斯特恩（Stern，1976）将劳动与休闲纳入所得税模型，对线性最优所得税模型做了定性的描述。但是，实行线性所得税会导致较高的税负，至今存在较大争议。

最优非线性所得税理论最早由米勒斯（Mirrlees，1971）提出，旨在分析和解决所得课税在公平与效率之间的取舍问题。该理论认为最优的个人所得税税率结构应该是近似于倒 U 形。对于低收入人群按照较低的税率征税，或是不征税，甚至给予补贴；对中等收入则按照较高的税率征税；对高收入者按照较低的税收征税，且税率随着收入的继续增加而降低，直至为 0。具体来说，Mirrlees 模型得出的结论：一是边际税率应在 0 与 1 之间；二是有最高所得的个人的边际税率应为 0；三是如果具有最低所得的个人按最优状态工作，则他们面临的边际税率应当为 0。

根据最优非线性所得税理论，我国个人所得税应当避免过高的边际税率。过高的边际税率会抑制居民的劳动供给，降低经济效率，影响资源的有效配置。而较低的边际税率则会导致高收入者和低收入者之间的公平性问题，无法发挥个人所得税的收入再分配作用。最优所得税政策必须在较高的边际税率带来的公平与其所导致的效率损失之间进行权衡。

3.1.6 供给与需求理论

供给与需求理论主要分析买者和卖者的行为以及他们之间的相互影响，并说明市场经济中供给与需求如何决定价格，以及价格如何配置经济中的稀缺资源。一种物品或者服务的供给量是卖者愿意并且能够出售的该种物品或者服务的数量。在其他条件不变的情况下，一种物品或服务的价格上升，该物品或服务的供给量会增加。通常情况下，供给曲线是一条向右上方倾斜的曲线，其斜率为正值。另外，一种物品或服务的需求量是买者愿意并且能够购买的一种该物品或服务的数量。在其他条件不变的情况下，一种物品或服务的价格上升，买方对该物品或服务的需求量会减少。通常情况下，需求曲线是一条向右下方倾斜的曲线，其斜率为负值。由于供给量随着价格的上升而上升，需求量随着价格的上升而下降，因而供给曲线与需求曲线会相交于一点，该点被称为市场的均衡点。此时的价格和产量能够同时为供需双方所接受，被称为均衡价格和均衡产量。根据供给与需求理论，劳动的供给曲线和需求曲线分别是向右上方和右下方倾斜的，两条曲线共同决定了均衡的工资水平和劳动数量。供给与需求理论为分析个人所得税改革背景下的劳动供给和需求提供了良好的理论基础。当个人所得税改革改变了居民劳动收入的税负时，单位劳动的价格会升高或者降低，同时居民劳动的供给意愿和供给数量也会发生变化。个人所得税是影响劳动供给与需求的重要因素。

3.2　本书的理论分析框架

　　本书以"个人所得税居民行为效应"为研究主题，以进一步完善个人所得税制度和更好地发挥个人所得税的居民行为效应为研究目标。研究目标的实现首先需要明晰个人所得税制度对居民行为的作用机制，然后结合微观数据进行实证检验。前文所述理论为分析个人所得税对居民劳动供给、消费和创业行为的作用机制提供了良好的理论依据和分析工具。本部分首先构建整体的理论分析框架，在此基础上探讨个人所得税制度对居民三项行为的影响机制，为后文的实证检验和政策建议的提出梳理出清晰的逻辑关系。

　　本部分理论分析框架以个人所得税制度和居民行为为核心，以劳动闲暇理论、现代消费理论、计划行为理论、最优所得税理论、行为经济学理论为工具，逐项分析了个人所得税对居民劳动供给、消费和创业三项经济行为的作用机制，具体分析内容和作用路径如图 3 - 2 所示。第一，由于居民劳动的根本目的在于获取收入，而关于工资薪金等劳动所得的个人所得税政策会影响居民的劳动收入，因此也可能改变居民的劳动供给行为。劳动闲暇理论、最优所得税理论可以为分析个人所得税的劳动供给效应提供良好的理论依据。第二，从事受雇工作的工薪居民或者家庭是否进行创业受到其工薪收入水平、创业前景和收益的影响。而关于劳动所得的个人所得税税率、级距、费用扣除标准等会影响工薪居民的工薪收入水平，关于经营所得、资本所得的个人所得税政策会影响到居民创业项目的前景和收益，因此劳动所得、经营所得、资本所得等三类所得的个人所得税政策都可能对创业行为产生影响。此部分，本书采用了行为经济学理论、计划行为理论进行分析。第三，个人所得税政策会影响居民家庭的收入水平和消费支出。在同等的个人所得税减税规模下，个人所得税减税的主要对象、减税的形式的不同也会影响减税对居民消费刺激的效果。本部分主要采用现代消费理论和行为经济学理论进行作用机制分析。第四，个人所得税政策还可能通过影响居民的劳动供给和创业行为而间接影响消费支出。由于收入是决定消费的基础，当居民的劳动供给和创业行为受到个人所得税改革的影响而改变后，其收入水平也会发生改变。也就是说，个人所得税改革带来的不仅仅是减税收益或者增税支出对消费的影响，还可能是劳动供给行为的变化或者创业行为的发生并进一步影响消费。

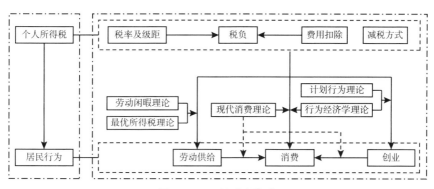

图 3－2　理论分析框架

3.3　个人所得税对居民行为的作用机制分析

3.3.1　个人所得税对劳动供给的作用机制

个人所得税影响居民劳动供给的关键在于改变居民在同等工作时间和强度下的劳动收入。如果将劳动看作劳动者能够提供的商品，企业则为商品的需求方。劳动的供给曲线 S 和需求曲线 D 分别是向右上方和右下方倾斜的，如图 3 - 3（A）和 3 - 3（B）所示。劳动的供给曲线 S 和需求曲线 D 相交于均衡点 E，由此决定了均衡价格 W_E 和均衡数量 Q_E，如图 3 - 3（C）所示。

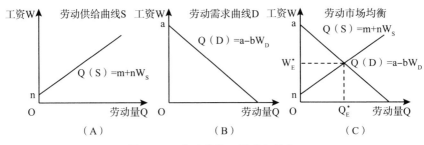

图 3 - 3　劳动供给、需求与均衡

图 3 - 3（C）展示的是不征税情形下的劳动供给、需求和均衡状态，此时劳动的供给价格 W_S 等于劳动的需求价格 W_D。

那么当个人所得税制度发生变革，居民在同等条件下获取的工资薪金收入便会发生变化，即"劳动"这种商品的价格发生变化，此时劳动均衡状态也会改变。

当对劳动所得征税为 t 时，图 3 - 3（C）的均衡状态发生改变，劳动的供给价格 W_S 不再等于劳动的需求价格 W_D，而是

$$W_S + t = W_D \tag{3.1}$$

假设劳动供给曲线和需求曲线分别为

$$Q(S) = m + nW_S \tag{3.2}$$

$$Q(D) = a - bW_D \tag{3.3}$$

此时，市场均衡状态由下列方程决定

$$Q(S) = Q(D) \tag{3.4}$$

$$m + nW_S = a - bW_D \tag{3.5}$$

将 $W_S + t = W_D$ 代入上述方程，即可解得均衡状态下的劳动供给工资和需求工资

$$W_S^* = \frac{a - m - bt}{n + b} \qquad (3.6)$$

$$W_D^* = W_S^* + t = \frac{a - m + nt}{n + b} \qquad (3.7)$$

同时得到劳动供给数量

$$Q_D^* = Q_S^* = \frac{an + bm - nbt}{n + b} \qquad (3.8)$$

均衡状态如图 3 - 4（A）所示。

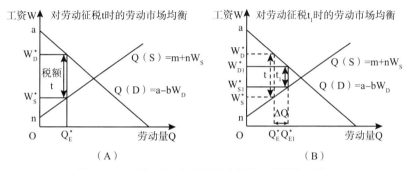

图 3 - 4　对劳动征税时的劳动供给、需求与均衡

当个人所得税改革使得劳动所得的征收额由 t 降低为 t_1 时，减税额为 Δt

$$t_1 = t - \Delta t \qquad (3.9)$$

此时，均衡状态下的劳动供给方和需求方的工资分别为

$$W_{S1}^* = \frac{a - m - t_1}{n + b} > W_S^* \qquad (3.10)$$

$$W_{D1}^* = \frac{a - m + t_1}{n + b} < W_D^* \qquad (3.11)$$

同时劳动均衡数量增加为

$$Q_{D1}^* = Q_{S1}^* = \frac{an + bm - nbt_1}{n + b} = \frac{an + bm - nbt + nb\Delta t}{n + b} \qquad (3.12)$$

与个人所得税改革之前相比，均衡状态下的劳动供给数量增加量为

$$\Delta Q = Q_{D1}^* - Q_D^* = \frac{nb\Delta t}{n + b} \qquad (3.13)$$

个人所得税改革后的均衡状态如图 3 - 4（B）所示。

尽管基于供给需求理论的分析发现个人所得税减税时，劳动供给数量会增加，但由于劳动者的每天拥有的时间是有限的，不可能一直增加下去，且在劳动时间超过一定限度后，劳动的边际收益会降低甚至为负。因此，供给需求理论更适合分析个人所得税改革下的居民劳动参与率的变化，即广延边际。

对于同一居民在个人所得税改革下的劳动供给时间的变化，即集约边际，劳动闲暇模型具有更高的适用性。

在劳动闲暇模型里，劳动者的效用函数可以表示为

$$U(wh + y,\ leis) \qquad (3.14)$$

借鉴消费者行为理论，劳动者效用最大化问题可以写为

$$\max U(wh + y,\ leis) \qquad (3.15)$$

$$s.\ t.\ h + leis \leqslant H \qquad (3.16)$$

劳动者的效用由其收入（包括劳动收入与其他收入）和闲暇构成。其中 H 表示每个劳动者所拥有的可支配时间，其在数值上为总时间与睡眠时间的差值，每个劳动者的 H 相等。w 表示每小时的工资率，h 表示工作时间，y 表示劳动以外的其他收入，leis 表示闲暇时间。

假设对劳动者的劳动及其他收入征收 t 的比例税率，则个体的总收入为

$$(wh + y) \times (1 - t) = w'h' + y' \qquad (3.17)$$

此时，劳动者的效用函数调整为

$$U(w'h' + y',\ leis) \qquad (3.18)$$

由于征收个人所得税，劳动者的净工资率和税后收入发生改变，单位时间劳动的收益和单位时间闲暇的机会成本发生改变，即工作与闲暇的相对价格发生变化，因而劳动者会改变其劳动供给行为，以获取征税后的最大化效用，即

$$maxU(w'h' + y',\ leis) \qquad (3.19)$$

此时，必然有

$$maxU(w'h' + y',\ leis) < maxU(wh + y,\ leis) \qquad (3.20)$$

$$w' < w \qquad (3.21)$$

$$h' < h\ 或\ h' > h\ 或\ h' = h \qquad (3.22)$$

我们最为关心的是劳动供给时间 h 的变化趋势，而其依赖于征收个人所得税导致的收入效应与替代效应的大小。收入效应是指征税使得劳动者的收入减少，劳动者为维持其收入和支出，会减少闲暇，增加劳动供给；替代效应则是指征税使得劳动者工作的代价提高，而享受休闲的成本下降，劳动者会减少劳动时间，增加闲暇。

同样，在个人所得税实施减税政策后，劳动者的税负降低，税后工资率提高，劳动的收益和闲暇的机会成本提高，在既定的时间约束下，劳动者可通过调整劳动与闲暇之间的时间分配获得高于个人所得税改革前的最大化效用。具体的时间分配的调整结果同样受制于减税所导致的收入效应和替代效应的大小。

图 3 - 5（A）和图 3 - 5（B）分别示意了替代效应大于收入效应和收入效应大于替代效应情形下的劳动供给时间的变化情况。横轴 OL 表示闲暇，纵轴 OI 表示劳动收入，L 表示将全部时间用于闲暇时，所能够消费的闲暇数量，I 表示将全部时间用于劳动时，所能获取的最大收入。LI_1、LI_2 分别为个人所得税减税前、后的约束线。由于个人所得税改革降低了税负，提高了劳动者的净工资和将全部时间用于劳动时的总收入，因此减税后的预算约束线在减税前约束线的基础上，以 L 点为中心顺时针旋转，约束线斜率绝对值提高。个人所得税改革前，无差异曲线 IC_1 与预算约束线相切于 E_1 点，此时，闲暇时间为 OW_1，劳动供给时间为 LW_1。当个人所得税减税以后，约束线由 LI_1 移动至 LI_2，此时牺牲闲暇所能获得收入提高至 I_2。此时，劳动者能够获得更高的效用，新的约束线 LI_2 与另一条无差异曲线 IC_2 的切点 E_2 上。

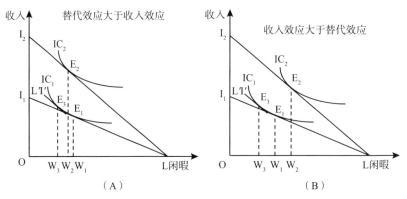

图 3 – 5　个人所得税减税后的收入效应与替代效应

假设个人所得税减税后，劳动者同时新增了与减税额度相同的其他支出（如物价上涨等），使得其可支配收入同减税前一样，那么劳动者的无差异曲线仍与减税前相同。由于虚拟的新增支出减少了劳动者的收入，但并不影响劳动者的净工资率，因而虚拟的预算约束线 $L'I'$ 应当与 LI_2 平行。此时，约束线 $L'I'$ 与无差异曲线 IC_1 相切于 E_3，闲暇时间为 OW_3，劳动时间为 LW_3。从 W_1 到 W_3，劳动和闲暇的相对价格改变，但两点同在无差异曲线 IC_1 上，因而 W_1W_3 为个人所得税减税的替代效应。从虚拟均衡点 E_3 到减税后的真实均衡点 E_2，劳动与闲暇的相对价格并未改变，但劳动者的收入提高，个人效用也随之增加，因而 W_3W_2 为个人所得税减税的收入效应。收入效应 W_3W_2 与替代效应 W_1W_3 之差即为个人所得税减税的总效应。可以看到，在个人所得税税负降低的背景下，当替代效应大于收入效应时，劳动者的劳动时间增加，闲暇时间减少；同样，当收入效应大于替代效应时，劳动者的劳动时间减少，闲暇时间增加。

此外，个人所得税还可能影响居民在正规就业与非正规就业之间的选择。劳动收入水平、社会保障、身体健康状况等是影响劳动者在正规就业与非正规就业之间选择的重要因素。当劳动者选择正规就业时，个人所得税、社保缴纳等会挤占部分劳动收入。如果个人所得税改革使得个人所得税税负提高，部分正规就业人群可能因为税后收入的下降而转向非正规就业；如果个人所得税税负降低，相当于提高了正规就业的收入水平，可能会使得一部分非正规就业人群转向正规就业。

3.3.2　个人所得税对创业的作用机制

计划行为理论在预测创业行为方面具有较强的适用性和较高的准确度，被广泛应用于创业相关研究。本部分将个人所得税制度及其改革因素纳入计划行为理论模型，以分析我国个人所得税对居民创业行为的影响。扩展后的计划行为理论模型如图 3 - 6 所示。

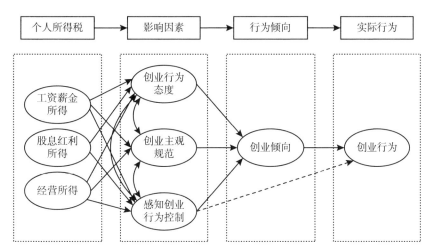

图 3 - 6　基于计划行为理论的个人所得税与居民创业行为分析

根据计划行为理论，个体对待创业行为的态度、主观规范和感知行为控制是决定个体创业倾向的主要因素。个体创业行为态度是指个体对创业行为的主观态度。态度越积极，则个体创业倾向越高。态度消极的个体不大可能从事创业活动。个体创业行为态度受到创业回报、社会认可度、创业能力和资源等因素的影响。创业主观规范是指个体对进行创业行为所感受到的社会压力。个体感知创业行为控制是指个体依据其拥有的能力、资源、机会以及创业项目的具体特征，而对创业项目难易程度和可行性的评价。个体对待创业行为的态度越积极，其他重要个人或者团体对创业行为越认可，个人感知到的自己对创业行为的控制能力越强，那么创业倾向便越大，创业行为越有可能发生。

我国现行个人所得税制度对包括工资薪金在内的综合所得实行七级超额累进税率，最低税率和最高税率分别为3%和45%；对经营所得税实行五级超额累进税率，最低税率和最高税率分别为5%和35%。个人所得税中对于经营所得、工资薪金所得、股息、红利所得的征税办法、税率等均会影响居民的创业倾向和创业行为。

首先，关于劳动所得的个人所得税制度会通过影响创业资本、机会成本、创业激励而影响居民的创业行为态度、创业主观规范和感知创业行为控制。关于劳动的综合所得的基本减除费用标准、税率、级距等通过影响受雇居民的劳动工资率、收入以及未来预期收入，而影响其创业资本、持续投资能力、抗风险能力等，即感知创业行为控制。同时，亦会影响居民创业的机会成本和创业成功的激励效果进而改变创业行为态度。比如，当个人所得税改革使得工资薪金税负降低时，居民收入得以提高，那么创业成功的激励效果会减弱，创业机会成本也会增加。此外，工资薪金收入水平的变化会改变人们对受雇劳动和创业二者之间的相对态度，影响居民的创业主观规范。

其次，关于经营所得的个人所得税制度会通过影响创业项目的税后净收益、投资回收期、项目可行性等而影响居民的创业行为态度、创业主观规范和感知创业行为控制，并进一步抑制或者促进创业倾向和行为。税负越低，项目投资收益便越高，居民对创业行为的态度也会越积极。税负越重，项目投资收益便越低，创业成功的激励越小，个体的创业行为态度便会越消极。由于创业过程是创业者与外部环境不断进行交互作用的结果（Timmons，1999），因此创业项目的投资收益、个人所得税税负还会影响创业者在创业期间的盈利情况、现金流量，需要持续投入的资本数量，以及融资的规模、成本等，进而影响个体对创业项目的经营和控制能力，即感知行为控制。此外，经营所得个人所得税税负在影响创业回报的同时还在一定程度上代表了国家对创业行为的支持程度，并影响着公众看法和社会认可度。当个人所得税制度发生变革，就会影响居民的创业行为态度、创业主观规范和感知创业行为控制等因素，进而居民的创业倾向和创业行为也会改变。

最后，股息、红利所得的个人所得税税负会通过影响创业投资项目的回报而影响居民的创业行为态度和感知创业行为控制。当居民创业组织形式选择为公司制企业时，获得股息、红利需要缴纳个人所得税。因而股息、红利的个人所得税税率和优惠政策会影响居民以公司制企业创业时的投资回报，改变创业行为态度和感知创业行为控制。

综上所述，工资、薪金等劳动所得、经营所得以及股息、红利所得相关的个人所得税改革可通过改变创业行为态度、创业主观规范、感知创业行为控制等创业关键因素而影响居民的创业倾向，并最终影响居民的实际创业行为。

行为经济学中的前景理论和禀赋效应理论也为分析工薪家庭在个人所得税减税背景下的创业行为提供了一定的理论依据。

从前景理论来看，个人所得税改革降低了受雇居民的个人所得税税负，提高了劳动收益，且这种收益是确定性的。而受雇居民在创业时通常需要付出较多时间、精力和成本，创业结果具有不确定性，可能亏损或者创业失败，亦可能创业成功并获得较高的收入。结合前景理论中的确定性效应和反射效应，人们更倾向于选择确定的收益，而厌恶损失。从这个角度来看，个人所得税改革在一定程度上降低了居民创业的倾向。基于禀赋效应理论来分析，减税使得居民通过受雇工作能够获得更高的收入，其对该项工作的评价也会较之以前有所提高，而倾向于维持现状的禀赋效应又会使得其不愿轻易放弃受雇工作转而从事创业，即辞职创业。

3.3.3 个人所得税对消费的作用机制

个人所得税影响居民消费的关键路径在于改变了居民的收入。图 3 - 7 展示了个人所得税改革对居民消费行为的作用机制。

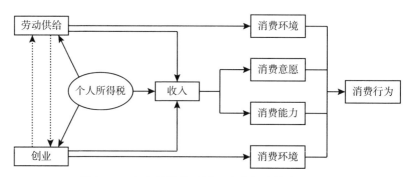

图 3 - 7 个人所得税对居民消费行为的作用机制

首先,个人所得税通过直接影响居民的收入水平而提高或者降低消费支出。消费意愿、消费能力和消费环境共同决定了居民的实际消费水平。根据绝对收入消费理论,收入水平对居民的消费支出具有决定性意义。如果收入水平发生改变,居民的消费意愿、能力和消费支出也随之改变。当个人所得税税负提高时,居民的收入和消费会降低;当个人所得税税负降低时,居民的收入和消费会有所提高。根据相对收入消费理论,居民的消费水平会随着收入的提高而提高,但难以随着收入的降低而降低。当个人所得税改革表现为减税趋势时,会带来收入水平和消费水平的提高。从生命周期消费理论来看,居民会将整个生命周期内的消费进行平滑。从永久收入消费理论来看,居民的消费支出决定于其永久性收入。基于生命周期消费理论和永久收入消费理论,当个人所得税改革表现为永久性的减税时,能够显著提高居民的消费支出。

其次,个人所得税通过影响居民的劳动供给或者创业行为而间接影响居民的收入水平和消费支出。前文分析中阐述了个人所得税改革对居民劳动供给和创业行为的影响机制。仅从居民个人或者家庭的视角来看，通过劳动或者创业获取收入是其消费的基础。当居民的劳动供给增加时，收入和消费支出也可能随之增加。当居民从事创业活动时，居民的收入水平决定于创业项目业绩，消费也会发生变化。其结果或是节衣缩食，或是扩大消费，当然也可能与创业前的消费支出持平。

最后，个人所得税还可通过影响居民的劳动供给或者创业行为而在一定程度上改变消费环境。居民劳动供给的增加有助于经济高质量发展，创业是一个国家或者地区就业、创新和经济增长的重要来源（Ferede，2019），二者均有利于消费环境的改善。

在同等规模的减税背景下，如何将其对居民消费支出的促进效应最大化，也是值得关注的问题。行为经济学中的心理账户理论可为该问题提供一定的借鉴。

根据行为经济学的心理账户理论，人们会在头脑中建立心理分类账户，用于对收入和费用进行分类核算，对交易行为进行分类决策。以减税为特征的个人所得税改革以后，中低收入人群的税负显著降低，他们无需再缴纳个人所得税或者缴纳比改革之前更少的个人所得税，从而获得减税收入。减税收入的消费倾向会高于之前的劳动或者经营收入。

由于我国个人所得税的征收采用预扣预缴与汇算清缴的方式，部分纳税人可在次年的汇算清缴中获得退税。由于纳税人在心理账户上更可能将退税收入归入"额外所得"或者"意外所得"账户，因而其消费倾向更会高于"应得"账户中的劳动或者经营收入、减税收入等。

对于需要在汇算清缴中进行补税的纳税人，情形则完全不同。补税意味着纳税人需要从已经进入个人劳动或者经营收入的"应得"账户中拿出部分资金用于上缴国家，进而在一定程度上降低劳动或者经营收入的消费倾向。

中国家庭长期存在的低消费、高储蓄状况是我国消费需求持续低迷和构建双循环发展格局面临的关键问题，同时促进居民消费、扩大内需也是我国实现需求侧管理目标和双循环战略的关键推进路径。在此背景下，根据行为经济学心理账户理论，个人所得税改革中居民税负的降低，基本减除费用标准、税率、级距、预扣预缴比率的改变，以及汇算清缴制度等可发挥积极作用。

3.4 本章小结

本章首先阐述了与研究主题相关的五个理论，包括劳动闲暇理论、现代消费理论、计划行为理论、最优所得税理论和行为经济学理论。然后结合我国个人所得税制度，建立个人所得税居民行为效应的理论分析框架。在此基础上，应用所述相关理论的观点和方法分析了个人所得税对居民劳动供给、创业、消费行为的作用机制。

基于劳动闲暇理论和最优所得税理论分析了个人所得税改革背景下居民的劳动供给行为。从劳动闲暇理论来看，个人所得税改革使得劳动工资率发生变动时，劳动者可通过调整劳动与闲暇之间的时间分配获得高于个人所得税改革前的最大化效用，具体的时间分配的调整结果受制于减税所导致的收入效应和替代效应的大小。从最优所得税理论来看，过高的边际税率会抑制中高收入人群的劳动供给。

基于计划行为理论和行为经济学理论分析了个人所得税对居民创业行为的作用机制。从计划行为理论来看，劳动所得，经营所得，股息、红利所得的个人所得税政策主要通过影响创业资本、机会成本、项目可行性、项目投资回报、创业激励等而影响居民的创业行为态度、创业主观规范和感知创业行为控制，并进一步抑制或者促进居民的创业倾向和行为。从行为经济学的前景理论和禀赋效应理论来看，当个人所得税改革使得劳动所得税负降低时，工薪居民的创业概率可能更低。

　　基于现代消费理论和行为经济学理论分析了个人所得税对居民消费的作用机制。从现代消费理论来看，个人所得税通过直接影响居民的收入水平而提高或者降低消费支出，并通过影响居民的劳动供给或者创业行为而间接改变居民的收入水平和消费支出。从行为经济学的心理账户理论来看，在同等减税规模下，减税的方式不同，居民的消费效应也可能不同。

　　本章的理论基础和作用机制分析为后续的个人所得税居民行为效应的实证检验和改革建议的提出提供了理论依据。

第4章 个人所得税劳动供给效应的实证分析

在劳动力市场供需不平衡和劳动年龄人口比例下降的背景下，提高我国劳动力的有效供给和劳动参与率成为学界关注的热点。而要解决这些问题，财政制度改革，尤其是与居民个体行为最为密切的个人所得税制度的改革显得尤为重要（叶菁菁等，2017）。个人所得税改革中，基本减除费用标准的提高，子女教育、继续教育等专项附加扣除项目的设立等措施不仅能够通过改变居民的边际工资率进而影响其对劳动和闲暇的选择，而且专项附加扣除项目还会影响居民学历、技能的提升以及子女教育支出、生育意愿等进而影响劳动力的供给数量、质量和储备。分类与综合相结合税制的引入平衡了工资薪金、劳务报酬、稿酬等不同劳动所得税负，有利于居民个体灵活就业，或者提高劳动强度，兼职从事其他工作。可以说，个人所得税是激活我国劳动力存量、提高劳动参与率、解决劳动力市场供需矛盾的重要政策工具。

本章首先从供需两侧分析了个人所得税改革措施对劳动供给行为的影响。在此基础上基于中国家庭追踪调查（CFPS）数据，分别使用 Logistic 和 OLS 回归实证检验了个人所得税改革对居民劳动参与和劳动供给时间的影响。最后，本章还通过变更计量模型、样本匹配、安慰剂检验、限制样本回归等方法进行了稳健性检验。本章的研究内容验证了个人所得税的劳动供给效应，也为后文消费效应的分析和政策建议的提出奠定了基础。

4.1　个人所得税对居民劳动供给的影响

本章主要关注我国的劳动供给问题，包括劳动供给数量、劳动供给质量和长期劳动力储备等，其会受到个体劳动供给与劳动力市场需求的共同影响。个人所得税改革可能通过影响经济增长进而影响劳动力需求总量，还可能通过影响供给意愿和人力资本积累进而影响劳动供给，最终影响社会整体的劳动供给数量和质量。

（1）个人所得税改革使得劳动者收入增加，有助于提高劳动供给数量。

按照经典的经济学理论，个人所得税减税导致的收入效应与替代效应的大小决定了劳动供给的变动方向，如果收入效应大于替代效应，则劳动供给减少，如果替代效应大于收入效应，则劳动供给会增加。根据劳动者的最优化行为，对应于一个特定的工资率，劳动者在效用最大化点上确定最优劳动供给量，从而得到劳动的供给曲线。在工资水平较低时，工资率上升对劳动所产生的替代效应大于收入效应，因而人们愿意提供更多的劳动，减少对闲暇的消费；而当工资水平上升到一定程度以后，替代效应小于收入效应，因而人们会增加闲暇时间的消费，而减少劳动时间，因此，劳动的供给曲线向后弯曲。当前，我国尚未形成橄榄型的收入分配结构，高收入者较少，而中低收入者较多，绝大多数的劳动者收入水平都位于向后弯曲的劳动供给曲线转折点的下方。通常认为，中低收入者在面临减税时的替代效应会高于收入效应。即个人所得税改革降低了中低收入者的税负，提高了边际工资率，激发了该收入水平群体的劳动积极性，因而劳动力总供给预期会增加。

（2）个人所得税改革可以促进家庭人力资本投资，有助于提高劳动供给质量。

现阶段，我国经济社会发展以推动高质量发展为主，供给侧结构性改革不断深入，科技不断进步，数字经济产业化和传统产业数字化使得社会生产率不断提高，同样的工作量需要的个人劳动不断减少，导致部分产业用工量减少。与此同时，新的产业、行业和工作机会不断出现，形成新的劳动需求。我国劳动力市场的供需矛盾也由此产生。因此，提高劳动力质量、劳动者的工作能力和技术水平成为解决劳动供需矛盾的重要途径（秦秋红和冉艳，2011）。

除了基本减除费用标准的提高以外，我国个人所得税改革还设立了包括子女教育支出、继续教育支出在内的专项附加扣除项目。这些改革措施有助于增加我国人力资本积累，提升劳动供给质量。首先，个人所得税税负的降低可以增加家庭收入，放松家庭预算约束，提高家庭教育投资能力，刺激家庭教育支出（万相昱等，2017；刘利利和刘洪愧，2020）。其次，子女教育专项附加扣除项目更为直接地降低了纳税人的子女教育负担，可以有效地激励家庭教育投资，增加我国的人力资本积累。最后，继续教育支出专项附加扣除项目可以在劳动者提升学历、参加技能培训以提升劳动力质量方面发挥重要的减负、激励、引导作用。

家庭教育支出作为重要的人力资本投资行为，其本质上是一种跨期风险决策。每个家庭在考虑教育投资回报率和教育成本的基础上，选择最优教育投资规模（刘利利和刘洪愧，2020）。

投资决策时经常需要对成本和收益进行权衡。如果将教育投资、培训视作一项投资，投资成本为 C，该投资能够带来的未来收益为 R，投资净收益为 L，那么家庭进行投资的意愿 P（invest）为净收益 L 的单调增函数。

$$P(\text{invest}) = f(L) \tag{4.1}$$

$$R = \frac{R_1(1 - t_0)}{1 + r} + \frac{R_2(1 - t_0)}{(1 + r)^2} + \cdots + \frac{R_n(1 - t_0)}{(1 + r)^n} = \sum_{i=1}^{n} \frac{R_i(1 - t_0)}{(1 + r)^i}$$

$$(4.2)$$

$$L_0 = R - C = \sum_{i=1}^{n} \frac{R_i(1 - t_0)}{(1 + r)^i} - C \qquad (4.3)$$

其中，r 为折现率，t_0 为个体未来收入的个人所得税税负。在个人所得税改革以后，个体的个人所得税税负会有所降低，假设为 t_1。此时，该项教育投资的未来收益为：

$$R = \sum_{i=1}^{n} \frac{R_i(1 - t_1)}{(1 + r)^i} \qquad (4.4)$$

考虑继续教育等专项附加扣除后，个体实际负担的投资成本会有所降低，假设为 $C(1 - \gamma)$，则个人所得税改革后的投资净收益变为：

$$L_1 = \sum_{i=1}^{n} \frac{R_i(1 - t_1)}{(1 + r)^i} - C(1 - \gamma) \qquad (4.5)$$

由于 $t_1 < t_0$，且 $C(1 - \gamma) < C$，因此 $L_1 > L_0$。又由于个体投资意愿为投资净收益的单调增函数，因此必有 $P_1(\text{invest}) > P_0(\text{invest})$，也就是说个人所得税改革能够促进家庭的人力资本投资，有利于提高劳动供给质量。

（3）个人所得税改革通过降低子女养育和教育成本，提升家庭生育意愿，有助于增加长期劳动力储备。

"少子化"和"老龄化"是当前和未来很长时间我国经济社会发展面临的重要问题，影响着长期劳动供给，并将成为我国实现高质量发展、参与大国竞争的重要人口基础（刘厚莲，2021）。实际上，"少子化"和"老龄化"是一体两面，"少子化"会加速"老龄化"，"老龄化"一定伴随着"少子化"。在此背景下，提高生育意愿和生育率是必要的应对策略。而要形成较好的生育激励效果，需要教育、财政等各方面政策的共同配合和支撑。个人所得税的改革措施中，子女教育支出和婴幼儿照护专项附加扣除项目的设立开启了解决这一问题的关键路径。

　　高昂的子女生育、养育、教育支出是抑制家庭生育意愿的重要因素（章君，2021）。对于生育"二孩""三孩"的家庭，其相应费用支出更会大幅攀升。根据 2017 年全国生育状况抽样调查数据，造成育龄妇女不打算生育的首要因素中，"经济负担重"占比最高，为 58.9%；造成育龄妇女不打算生育第二位因素中，"没人带孩子"占比最高，为 27.0%（贺丹等，2018）。2021 年发布的《中共中央 国务院关于优化生育政策促进人口长期均衡发展的决定》将显著降低生育、养育、教育成本，适当提高生育水平，进一步提升人口素质等作为促进我国人口长期均衡发展的主要目标。

　　子女教育支出专项附加扣除中，家庭可享受每个子女每月 1000 元的定额扣除标准，这将显著降低家庭的教育负担。2022 年 3 月，国务院发布的《关于设立 3 岁以下婴幼儿照护个人所得税专项附加扣除的通知》，规定有 3 岁以下婴幼儿的纳税人，自 2022 年 1 月 1 日起可享受每名婴幼儿每月 1000 元的专项附加扣除。该专项附加扣除降低了家庭的婴幼儿养育、托管成本。可以说，两项专项附加扣除的设立能够在一定程度上缓解居民生育子女"经济负担重"的问题和"没人带孩子"的现实忧虑。当引致家庭不打算生育的首要因素"经济负担重"和第二位因素"没人带孩子"的影响得以缓解时，家庭的生育意愿便会增强，生育率也会得到一定的提升。个人所得税政策可在增加我国长期劳动力储备、应对少子化和老龄化问题中发挥积极作用。

　　（4）个人所得税改革通过促进经济增长与劳动力需求的提升来拉动劳动供给。

　　劳动力供给和劳动力需求的相互作用决定了实际工资水平和劳动就业数量。国家经济政策、产品需求变动等因素会造成劳动需求的变动。税收具有乘数效应，一定规模的减税可以扩张社会总需求，进而带动经济增长和劳动需求的增加（吴小强和王海勇，2017）。劳动需求的增加，会带来工资水平的提高和劳动供给数量的增加。个人所得税改革通过以下途径促进经济增长与劳动力需求的提升，并拉动劳动供给。

首先，个人所得税改革通过提高劳动者税后收入，进而提升消费需求，促进经济增长。个人所得税税负的降低使得劳动者在相同的工作时间里可以获得更高的税后收入，进而提高劳动者的消费能力与消费需求。此次个人所得税改革将基本减除费用标准由 3500 元提升到 5000 元，个人所得税纳税人占城镇就业人员比例由 44% 降至 15%，纳税人数约减少 1.23 亿以上。而收入在 3500 ~ 5000 元的中低收入人群多数具有较高的边际消费倾向，因而社会消费需求必然提升，进而带动企业扩大再生产和劳动力需求的提升。

其次，个人所得税改革还可通过促进家庭创业来提升社会劳动需求。一方面，综合所得税负的下降增加了劳动者及其家庭的税后收入，增强了家庭投资与创业的资金实力。另一方面，个人所得税中经营所得税率和级距的改变，降低了经营所得的个人所得税税负，这相当于提高了纳税人投资项目的未来收益和投资项目净现值，增加了劳动者通过个体工商户、个人独资企业、合伙等企业形式进行创业的意愿。因此，个人所得税减税可促进投资创业的增加以及对劳动力雇佣需求的提升。

最后，个人所得税改革有助于降低企业的劳动力成本，提升盈利能力和经济活力。在个人所得税税负不能转嫁的情况下，个人所得税改革并不会直接影响企业劳动力成本和需求（董再平，2008），但当个人所得税税负能够部分或者全部转嫁时，个人所得税就可能影响企业的用工成本和需求。税负转嫁情形更多地发生在面临"招工难"或者对劳动技能要求较高的企业。马歇尔的局部均衡模型假定除了税收直接作用的市场外，其他市场是固定不受影响的，那么税收主要由供给或者需求弹性小的一方负担（郝联峰，2000）。在劳动市场中，同样存在着供给与需求弹性，而作为供给与需求方之间交易费用的个人所得税税负虽然名义上由劳动者承担，但其实际负担情况同样依赖于供需双方的议价能力。从表面上来看，个人所得税改革降低了劳动者税负，提高了税后收入，但实际上个人所得税改革相当于在劳动供给方与需求方之间供需平衡的基础上施加了外生冲击，从而降低了劳动交易费用，因此在供需双方充分博弈的情况下会建立起新的供需均衡价格（付强和廖益兴，2021）。新的均衡价格会给供需双方带来收益，结果是企业"招工难"得到缓解或者是用工成本得到一定程度的降低。在此情况下，企业的生产经营成本有所下降，盈利能力有所提升，劳动需求亦会有所增加。

4.2 个人所得税对居民劳动供给影响的实证检验

综合前述理论分析，个人所得税改革可增加市场劳动需求，提升居民劳动供给意愿，提高劳动供给质量，最终可体现为劳动参与率的提高。据此，本章认为个人所得税减税会促进居民个体的劳动供给行为，并拟进行实证检验。要对个人所得税改革与居民劳动供给行为进行实证研究，关键在于分析受到个人所得税改革冲击的居民在改革前后的劳动供给行为。而能够受到个人所得税改革冲击的居民，必然是正在从事劳动并缴纳个人所得税的人群。也就是说我们无法观测到没有参与劳动的个体从事非市场工作的影子工资，亦无法观测到没有参与劳动的个体如果参与劳动可能面临的潜在工资水平及个人所得税税负，因此无法确定其改革前后的税负变化情况，更无法分析个人所得税对其劳动供给行为的影响，故本章参考叶菁菁等（2017）、刘蓉等（2019）的做法，仅保留了个人所得税改革前有劳动收入的个体，对这部分人群的劳动供给行为进行实证分析，从而在一定程度上了解个人所得税改革的劳动供给效应。

4.2.1 研究设计

（1）模型设定。

本章关注的是居民的劳动参与行为和劳动时间。由于劳动参与为二元选择变量（0、1 变量），故采用 Logistic 模型进行实证研究，模型的具体形式为：

$$\ln \frac{P_i}{1 - P_i} = \alpha_0 + \alpha_1 shock_i + \beta X_i + \varepsilon_i \tag{4.6}$$

其中，P_i 为个人所得税改革后个体参与劳动的概率，即 Employ 为 1 的概率；$1 - P_i$ 为个人所得税改革后个体退出劳动力市场的概率，即 Employ 为 0 的概率。Shock 为样本个体是否受到个人所得税改革影响的代理变量，α_1 为待估计的个人所得税改革冲击的系数，X_i 表示性别、年龄、婚姻状态、健康状况、受教育程度等一系列控制变量，ε_i 为随机误差项。

另外，本章还建立式（4.7）就个人所得税改革对居民劳动时间影响情况进行实证检验。由于劳动时间变化量为连续变量，故采用 OLS 进行回归分析。

$$Workhour_i = \alpha_0 + \alpha_1 Shock_i + \beta X_i + \varepsilon_i \tag{4.7}$$

为了避免内生性问题的影响，本章在后续的稳健性检验中还采用了双重差分模型进行了回归分析。此外，由于直接使用上述模型来度量个人所得税改革对个体劳动供给行为的影响，可能产生样本选择偏差，本章还采用了倾向得分匹配的方法对回归结果进行稳健性检验。

（2）变量选择与定义。

本章选取了代表个人所得税改革前后劳动参与情况变动的虚拟变量（Employ）和周劳动时间变动情况（Workhour）作为被解释变量，以此来衡量居民个体的劳动供给情况。如果个体在 2018 年处于就业状态，在个人所得税改革后的 2020 年仍然处于就业状态，则 Employ 取值为 1；如果个体在 2018 年处于就业状态，在个人所得税改革后的 2020 年未处于就业状态，则 Employ 取值为 0。Workhour 则根据 CFPS 2018 年和 2020 年调查问卷中的问题"每周工作时间（小时）"来确定，为个人所得税改革前后工作时间的差值。

本章以个体是否受到个人所得税改革影响的虚拟变量（Shock）为解释变量。根据劳动者的税前收入分别按照新旧税制计算其在 2018 年个人所得税改革前后的应纳税额，对于税改前后的应纳税额不变的个体，Shock 取值为 0；对于税改后个人所得税税负降低的个体，Shock 则取值为 1。

参考叶菁菁等（2017）、刘怡等（2010）的做法，本章选取了健康状况、受教育程度、婚姻状态、性别、年龄等作为个体层面的控制变量；参考刘蓉等（2019），选取了家庭规模（人口数）、家庭净财富值、家庭内净转移收入、是否拥有自有住房等作为家庭层面的控制变量；选取了样本所在地区的 GDP 增长率作为地区层面的控制变量。相关控制变量的度量方法如表 4 – 1 所示。

表 4 – 1 控制变量描述

变量类型	变量名	变量符号	变量说明
个体特征	性别	Gen	虚拟变量，男性为 1，女性为 0
	年龄	Age	CFPS 中的年龄数据
	婚姻状态	Marriage	虚拟变量，已婚为 1，未婚、丧偶、离异为 0
	受教育程度	Edu	虚拟变量，根据受访者已完成的最高学历确定，划分为 8 个等级。1 表示文盲和半文盲；2 表示小学毕业；3 表示初中毕业；4 表示高中、中专、技校或者职高毕业；5 表示大专毕业；6 表示本科毕业；7 表示硕士研究生毕业；8 表示博士研究生毕业
	健康状况	Health	虚拟变量，根据受访者自我评估情况确定。1 表示非常健康；2 表示很健康；3 表示比较健康；4 表示一般；5 表示不健康
	个人收入份额	Indincshare	个人年收入总额占家庭年收入总额的比重

变量类型	变量名	变量符号	变量说明
家庭特征	家庭规模	Famsize	CFPS 中的家庭人口总数
	净财富值	Networth	家户持有的现金、存款以及金融产品总价扣除待偿还的银行贷款、亲友借款、民间借款等负债后的净值
	家庭净转移收入	Nettran	从子女、父母、亲戚或者朋友处获得的转移性收入与向这些人支付的转移性支出的差额
	家庭非劳动收入	Otherinc	家庭收到的政府补助、社会捐助和离退休养老金的总额
	子女数量	Child	三周岁以下的子女数量
地区特征	地区 GDP 增长率	GDP	样本个体所在的省份区域的 GDP 增长率

（3）样本选择与数据来源。

本章所用数据主要来源于北京大学中国社会科学调查中心所进行的中国家庭追踪调查项目（China Family Panel Studies，CFPS）的 2018 年和 2020 年调查数据[①]。CFPS 是一项全国性、综合性的社会追踪调查项目，旨在通过追踪收集个体、家庭、社区三个层次的数据，反映中国社会、经济、人口、教育和健康的变迁，为学术研究和公共政策分析提供数据基础。CFPS 的目标样本规模为 16000 户，调查对象为中国 25 个省份（不含我国香港、澳门、台湾地区以及新疆维吾尔自治区、西藏自治区、青海省、内蒙古自治区、宁夏回族自治区、海南省）中的家庭户和样本家庭户中的所有家庭成员。CFPS 重点关注中国居民的经济与非经济福利，以及包括经济活动、教育获得、家庭关系与家庭动态、人口迁移、身心健康等在内的诸多研究主题，可以满足本章所需的个体、家庭特征以及劳动供给、收入相关的数据需求。另外，该调查于 2010 年正式开始基线调查，到目前已经分别于

---

① 参见北京大学中国社会科学调查中心 CFPS 数据平台，网址：isss. pku. edu. cn/cfps。

2012 年、2014 年、2016 年、2018 年、2020 年进行了五轮追踪调查。由于我国此次个人所得税改革于 2019 年 1 月开始正式实施，而 CFPS 2018 年和 2020 年调查数据正好跨越了改革前后的期间，可以为我们研究个人所得税的行为效应提供较好的样本数据。此外，在实证研究过程中，本章还使用了样本个体所在地区的 GDP 数据，数据来源于《中国统计年鉴》。

使用 CFPS 数据库具有明显的优势。CFPS 数据库涵盖了个人、家庭、少儿等多项数据库，涉及家庭关系、家庭经济、个人工作、教育、健康、收入等多项数据，涵盖本章研究所需的被解释变量、解释变量以及各项控制变量。

此外，本章按照以下步骤对样本数据进行了筛选：一是删除年龄小于 16 岁和大于 70 岁的样本。二是删除从事农业生产经营和个体工商户经营活动的个体。三是删除数据异常或者关键指标缺失的样本。经过上述筛选后，最终得到 10355 名劳动者在个人所得税改革前后的就业状态及相关数据。

（4）描述性统计。

本部分按照总样本、受到个人所得税改革冲击样本组（处理组）、未受个人所得税改革冲击样本组（控制组）分别进行了描述性统计，结果如表 4 - 2 所示。

表 4 - 2　　　　　　　　　　描述性统计

变量名	总样本		受冲击样本组		未受冲击样本组	
	样本量	均值	样本量	均值	样本量	均值
劳动参与	10355	0.900	3627	0.937	6728	0.879
工作时间变动	8344	- 0.490	3379	- 0.296	4965	- 0.621
税收冲击	10355	0.350	3627	1	6728	0
性别	10355	0.585	3627	0.754	6728	0.493
年龄	10355	39.043	3627	36.099	6728	40.631
婚姻状态	10355	0.786	3627	0.751	6728	0.804

续表

变量名	总样本		受冲击样本组		未受冲击样本组	
	样本量	均值	样本量	均值	样本量	均值
受教育程度	10352	3.622	3624	4.135	6728	3.346
健康状况	10355	2.793	3627	2.691	6728	2.848
个人收入份额	10265	0.436	3603	0.632	6662	0.330
家庭规模	10355	4.101	3627	3.838	6728	4.242
净财富值	10270	4870.582	3603	13463.520	6667	226.763
家庭净转移收入	10270	773.289	3603	229.139	6667	1067.360
自有住房	10355	0.813	3627	0.758	6728	0.843
子女数量	10355	1.250	3627	1.160	6728	1.298
地区 GDP 增长率	10321	0.058	3616	0.061	6705	0.057

资料来源：笔者根据北京大学中国社会科学调查中心中国家庭追踪调查项目（China Family Panel Studies，CFPS）的 2018 年和 2020 年调查数据整理所得。

可以看到，受个人所得税改革冲击样本组和未受冲击样本组的劳动参与均值分别为 0.937 和 0.879，说明在个人所得税改革后，受冲击的样本个体有着更高的劳动参与率。两组样本的周劳动时间变动值分别为 -0.296 小时和 -0.621 小时，差异不大。此外，两组样本的男性占比分别为 0.754 和 0.493，说明受到个人所得税改革冲击的样本中男性占比较高，而未受到个人所得税改革冲击的样本中男女比率较为接近；受冲击样本组的平均年龄为 36.099 岁，小于未受冲击样本组的平均年龄 40.631 岁，平均年龄差距接近 5 岁；受冲击样本组的受教育程度平均值为 4.135，亦高于未受冲击样本组的平均受教育程度 3.346，说明前者拥有更高的学历和受教育年限；受冲击样本组的个人收入份额平均值为 0.632，远高于未受冲击样本组的平均值 0.330；受冲击样本组的净财富值的平均值为 13463.520 元，远高于未受冲击样本组的 226.763 元。另外，两组样本的婚姻状态、健康状况、家庭规模、子女数量等指标平均值差距不大。

4.2.2 个人所得税对居民劳动供给影响的实证结果

（1）基准回归结果。

表4-3中的列（1）和列（2）报告了个人所得税改革对劳动参与概率影响的回归结果。列（1）未加入控制变量，列（2）则在列（1）的基础之上加入了性别、年龄、婚姻状态、健康状况、个人收入份额、家庭规模、家庭净财富值、家庭净转移收入、自有住房、子女数量、地区GDP增长率等控制变量。可以看到，税收冲击的回归系数均显著为正，这说明受到个人所得税改革冲击的劳动者在个人所得税改革以后呈现出更高的劳动参与概率，即个人所得税改革促进了纳税人的劳动参与行为。

表4-3　　　　个人所得税改革对居民劳动供给行为的回归结果

变量名	（1）	（2）	（3）	（4）
	劳动参与	劳动参与	工作时间	工作时间
税收冲击	0.711*** （0.078）	0.180** （0.089）	0.324 （0.470）	-0.451 （0.500）
性别		0.986*** （0.073）		-0.622 （0.512）
年龄		-0.031*** （0.004）		-0.012 （0.029）
婚姻状态		0.514*** （0.103）		-1.816** （0.783）
受教育程度		0.184*** （0.026）		0.627*** （0.185）
健康状况		-0.039 （0.033）		-0.887*** （0.241）
个人收入份额		-0.040 （0.104）		1.295** （0.523）

续表

变量名	（1）	（2）	（3）	（4）
	劳动参与	劳动参与	工作时间	工作时间
家庭规模		− 0. 054 *** （0. 020）		0. 315 ** （0. 142）
净财富值		0. 000 （0. 000）		− 0. 000 ** （0. 000）
家庭净转 移收入		0. 000 （0. 000）		− 0. 000 ** （0. 000）
自有住房		0. 122 （0. 093）		0. 580 （0. 616）
子女数量		0. 232 *** （0. 051）		− 0. 568 （0. 379）
地区 GDP 增长率		1. 303 （0. 832）		11. 042 * （5. 719）
常数项	1. 986 *** （0. 037）	1. 741 *** （0. 259）	− 0. 621 ** （0. 301）	− 0. 316 （1. 697）
样本数	10355	10237	8344	8241
Pseudo R^2/R^2	0. 0137	0. 0683	0. 0001	0. 0104

注：括号内为稳健标准误；＊、＊＊、＊＊＊分别表示在10%、5%、1%水平上显著。

在本章的系列控制变量中，性别的估计系数为正，且在1%的水平上显著，说明男性和女性呈现不同的劳动参与情况，男性的劳动参与比率更高。此外，婚姻状态、受教育程度、子女数量等控制变量的系数估计值都显著为正，说明已婚居民个体的劳动参与概率更高，同时受教育程度越高、子女越多，居民的劳动参与可能性也更高。

表4-3中的列（3）和列（4）报告了个人所得税改革对劳动供给时间的OLS回归结果。列（3）未加入控制变量，列（4）则在列（3）的基础之上加入了性别、年龄、婚姻状态、个人收入份额、家庭规模等系列控制变量。可以看到，税收冲击的系数估计值较小，且不显著，这说明个人所得税改革对个体的劳动供给时间并无显著影

响，其原因可能在于大多数的劳动者没有工作时间的决定能力。此外，劳动者的婚姻状态、受教育程度、健康状况、个人收入占家庭收入份额等因素会对劳动时间产生显著影响。

（2）稳健性检验。

为了保证研究结果的稳健性，本章主要通过样本匹配、改变计量模型、限制样本回归以及安慰剂检验等方法进行实证检验。

首先，是通过样本匹配进行稳健性检验。考虑到受个人所得税改革冲击的劳动者和未受到个人所得税改革冲击的劳动者的个体特征和家庭特征可能存在较大的差异，而这些差异可能在一定程度上造成了样本选择问题。即直接使用式（4.6）和式（4.7）来度量个人所得税改革对个体劳动供给行为的影响，可能产生样本选择偏差。如果以Laborsupply表示个体的劳动供给行为（包括劳动参与、劳动时间等），根据上述多元回归模型，估计的个人所得税改革的处理效应为

$$E(\text{Laborsupply}_{1i} \mid \text{Shock}_i = 1) - E(\text{Laborsupply}_{0i} \mid \text{Shock}_i = 0)$$

$$= E(\text{Laborsupply}_{1i} \mid \text{Shock}_i = 1) - E(\text{Laborsupply}_{0i} \mid \text{Shock}_i = 0)$$

$$+ \left[E(\text{Laborsupply}_{0i} \mid \text{Shock}_i = 1) - E(\text{Laborsupply}_{0i} \mid \text{Shock}_i = 1) \right]$$

$$= \left[E(\text{Laborsupply}_{1i} \mid \text{Shock}_i = 1) - E(\text{Laborsupply}_{0i} \mid \text{Shock}_i = 1) \right]$$

$$+ \left[E(\text{Laborsupply}_{0i} \mid \text{Shock}_i = 1) - E(\text{Laborsupply}_{0i} \mid \text{Shock}_i = 0) \right]$$

$$= \left[E(\text{Laborsupply}_{1i} - \text{Laborsupply}_{0i} \mid \text{Shock}_i = 1) \right]$$

$$+ \left[E(\text{Laborsupply}_{0i} \mid \text{Shock}_i = 1) - E(\text{Laborsupply}_{0i} \mid \text{Shock}_i = 0) \right]$$

$$(4.8)$$

式（4.8）中 $E(\text{Laborsupply}_{1i} \mid \text{Shock}_i = 1)$ 表示受到个人所得税改革冲击的样本在受到冲击后的劳动供给行为，$E(\text{Laborsupply}_{0i} \mid \text{Shock}_i = 1)$ 表示假设受到个人所得税改革冲击的样本如果其未受到冲击所呈现的劳动供给行为。而本章最为关注的是个人所得税改革的劳动供给效应 $E(\text{Laborsupply}_{1i} - \text{Laborsupply}_{0i} \mid \text{Shock}_i = 1)$，即个人所得税改革对受到个人所得税改革冲击的样本的劳动供给行为的影响，其与多元回归估计得到的处理效应 $E(\text{Laborsupply}_{1i} \mid \text{Shock}_i = 1) -$

$E(Laborsupply_{0i}|Shock_i=0)$ 存在一个差值，也就是 $[E(Laborsupply_{0i}|Shock_i=1)-E(Laborsupply_{0i}|Shock_i=0)]$，该差值即为样本选择偏差，也就是处理组样本和控制组样本在均为受到个人所得税改革影响时便存在的劳动供给行为的差异。本部分通过式（4.6）和式（4.7）进行回归分析所得到的处理效应 $[E(Laborsupply_{1i}|Shock_i=1)-E(Laborsupply_{0i}|Shock_i=0)]$ 包含两个部分，其中的一部分为本章所关注的个人所得税改革造成的劳动供给行为的差异 $[E(Laborsupply_{1i}-Laborsupply_{0i}|Shock_i=1)]$，另一部分则为处理组样本和控制组样本本身就存在的劳动供给行为的差异 $[E(Laborsupply_{0i}|Shock_i=1)-E(Laborsupply_{0i}|Shock_i=0)]$，原因在于样本中的个体是否受到个人所得税改革的影响并非随机的。因此，本部分还通过样本匹配对回归结果进行稳健性检验。通过匹配估计，为每个处理组个体（受到个人所得税改革冲击的样本）找到除处理变量（Shock）外，其他可测变量取值均相似的控制组个体（未受到个人所得税改革冲击），形成新的可比的控制组样本，即认为所有特征相似的样本个体，其劳动供给行为也相似，这就相当于对劳动者进行了随机分组，进而可以消除上述样本选择偏差 $[E(Laborsupply_{0i}|Shock_i=1)-E(Laborsupply_{0i}|Shock_i=0)]$。

参考程子健和张俊瑞（2015）、张俊艳等（2020）的做法，本部分采用倾向得分匹配法（PSM）对样本进行筛选，以降低两类劳动者的特征差异，然后再次进行回归分析。

具体来说，将受到个人所得税改革冲击的样本视作处理组，将未受到个人所得税改革冲击的样本视作控制组，参考已有文献以及 R^2 最大原则，以劳动供给行为为结果变量，以性别（Gen）、年龄（Age）、受教育程度（Edu）、健康状况（Health）、婚姻状态（Marriage）、家庭规模（Famsize）、是否拥有自有住房（Own）、家庭净财富值（Networth）以及所属地区GDP增长率（GDP）作为协变量，并依据平衡性检验、协变量均值是否存在显著差异等原则，确定合适的匹配方法，为处理组个体挑选出与其相似的对照组个体。

　　图4-1展示了以劳动参与（Employ）为结果变量，采用1:3最近邻匹配方法进行PSM前后标准偏误的情况。表4-4则列出了PSM后的平衡性检验的结果。可以看到，处理组和控制组在匹配后各协变量的标准偏差均显著降低，性别（Gen）、年龄（Age）、受教育程度（Edu）、健康状况（Health）、婚姻状态（Marriage）、家庭规模（Famsize）、是否拥有自有住房（Own）、家庭净财富值（Networth）和地区GDP增长率的标准偏差绝对值分别降低了95.8%、98.0%、99.6%、74.4%、37.8%、93.1%、88.1%、77.8%和82.2%。根据罗森鲍姆和鲁宾（Rosenbaum and Rubin，1983）的研究，匹配后的协变量标准偏差绝对值小于20%，可达到匹配效果。本章的所有协变量中，婚姻状况（Marriage）的匹配后标准偏差最大，仅为8.0%，远远低于20%。这表明在PSM筛选后的样本中，处理组样本和控制组样本特征变得较为接近，样本选择偏差问题得到较大程度的控制。

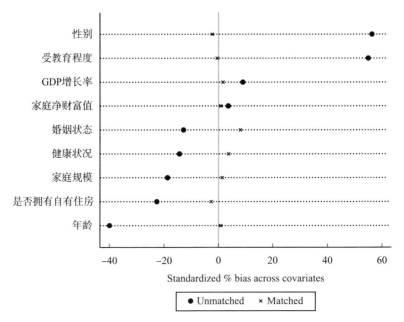

图4-1　样本匹配前后标准偏误情况（劳动参与）

表4-4　　　　　　　　　平衡性检验（劳动参与）

协变量	样本	均值		标准偏差（%）	标准偏差缩减	t 值	p 值
		处理组	控制组				
性别	匹配前	0.75508	0.49363	56.2	95.8	26.54	0.000
	匹配后	0.75508	0.76612	-2.4		-1.10	0.273
年龄	匹配前	36.114	40.652	-40.0	98.0	-18.68	0.000
	匹配后	36.114	36.024	0.8		0.35	0.725
受教育程度	匹配前	4.1353	3.353	54.8	99.6	26.50	0.000
	匹配后	4.1353	4.1432	-0.6		-0.24	0.807
健康状况	匹配前	2.6961	2.8499	-14.4	74.4	-6.92	0.000
	匹配后	2.6961	2.6567	3.7		1.61	0.107
婚姻状态	匹配前	0.7509	0.80463	-12.9	37.8	-6.34	0.000
	匹配后	0.7509	0.71751	8.0		3.21	0.001
家庭规模	匹配前	3.8414	4.2325	-18.8	93.1	-9.04	0.000
	匹配后	3.8414	3.8138	1.3		0.59	0.558
是否拥有自有住房	匹配前	0.76232	0.85141	-22.7	88.1	-11.27	0.000
	匹配后	0.76232	0.77298	-2.7		-1.07	0.284
家庭净财富值	匹配前	13512	525.02	3.6	77.8	1.86	0.063
	匹配后	13512	10524	0.8		0.35	0.726
GDP 增长率	匹配前	0.06071	0.05716	9.0	82.2	4.30	0.000
	匹配后	0.06071	0.06008	1.6		0.68	0.496

图4-2和表4-5则展示了以劳动时间（Workhour）为结果变量，采用核匹配方法进行 PSM 前后的标准偏误情况和平衡性检验的具体结果，同样达到了较好的匹配效果。

表4-6汇报了运用式（4.6）和式（4.7）对 PSM 筛选后的样本进行回归的结果。可以看到，税收冲击以及各控制变量对个体的劳动参与行为的影响的回归结果与 PSM 前的样本基本保持一致。这说明，在通过 PSM 消除了处理组样本与控制组样本的主要差异后，个人所得税改革仍能提高处理组样本的劳动参与概率，对劳动时间仍无

显著影响，本章的相关研究结论依然成立。

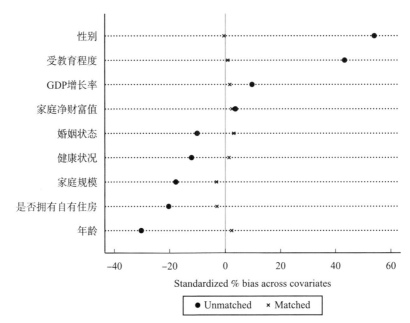

图 4-2　样本匹配前后标准偏误情况（劳动时间）

表 4-5　　　　　　　　平衡性检验（劳动时间）

协变量	样本	均值		标准偏差（%）	标准偏差缩减	t 值	p 值
		处理组	控制组				
性别	匹配前	0.76562	0.51582	53.9	97.8	23.68	0.000
	匹配后	0.76562	0.77099	-1.2		-0.52	0.603
年龄	匹配前	35.969	39.243	-30.2	90.8	-13.25	0.000
	匹配后	35.969	35.666	2.8		1.19	0.234
受教育程度	匹配前	4.1549	3.544	43.2	99.0	19.34	0.000
	匹配后	4.1549	4.1485	0.4		0.19	0.852
健康状况	匹配前	2.6951	2.822	-12.2	84.0	-5.41	0.000
	匹配后	2.6951	2.6748	1.9		0.81	0.419
婚姻状态	匹配前	0.75247	0.79486	-10.1	58.5	-4.55	0.000
	匹配后	0.75247	0.73489	4.2		1.65	0.100

续表

协变量	样本	均值		标准偏差（％）	标准偏差缩减	t 值	p 值
		处理组	控制组				
家庭规模	匹配前	3.8173	4.1855	-17.7	86.2	-7.88	0.000
	匹配后	3.8173	3.8681	-2.4		-1.02	0.306
是否拥有自有住房	匹配前	0.75994	0.84078	-20.3	92.0	-9.20	0.000
	匹配后	0.75994	0.76643	-1.6		-0.62	0.533
家庭净财富值	匹配前	12368	-1238	3.6	33.9	1.70	0.090
	匹配后	12368	3380.1	2.4		0.98	0.328
GDP 增长率	匹配前	0.06057	0.05672	9.6	90.5	4.27	0.000
	匹配后	0.06057	0.06021	0.9		0.38	0.701

表 4-6　个人所得税改革对劳动供给行为的回归结果（PSM 后样本）

解释变量	（1）劳动参与	（2）劳动参与	（3）劳动意愿	（4）劳动意愿	（5）工作时间	（6）工作时间
税收冲击	0.393 *** (0.100)	0.284 *** (0.104)	0.329 *** (0.107)	0.208 * (0.112)	0.270 (0.462)	-0.492 (0.499)
性别		1.194 *** (0.111)		1.290 *** (0.118)		-0.535 (0.510)
年龄		-0.040 *** (0.006)		-0.047 *** (0.006)		-0.017 *** (0.029)
婚姻状态		0.557 *** (0.164)		0.496 *** (0.178)		-1.609 ** (0.772)
受教育程度		0.253 *** (0.039)		0.230 *** (0.043)		0.655 *** (0.186)
健康状况		0.055 (0.049)		0.042 (0.054)		-0.906 *** (0.241)
个人收入份额		-0.114 (0.077)		-0.142 ** (0.056)		1.298 ** (0.523)

解释变量	（1）劳动参与	（2）劳动参与	（3）劳动意愿	（4）劳动意愿	（5）工作时间	（6）工作时间
家庭规模		-0.079 *** (0.029)		-0.109 *** (0.030)		0.297 ** (0.140)
净财富值		-0.000 (0.000)		-0.000 (0.000)		-0.000 ** (0.000)
家庭净转移 收入		0.000 (0.000)		0.000 (0.000)		-0.000 ** (0.000)
自有住房		0.031 (0.128)		-0.052 (0.143)		0.560 (0.616)
子女数量		0.297 *** (0.083)		0.317 *** (0.091)		-0.588 (0.380)
地区 GDP 增长率		3.145 *** (1.163)		2.595 ** (1.235)		11.545 ** (5.706)
常数项	2.261 *** (0.063)	1.412 *** (0.359)	2.466 *** (0.068)	2.246 *** (0.396)	-0.607 * (0.321)	-0.286 (1.697)
样本数	5683	5683	5683	5683	8240	8237
Pseudo R^2/R^2	0.0050	0.0660	0.0034	0.0722	0.0000	0.0106

注：括号内为稳健标准误；＊、＊＊、＊＊＊分别表示在10%、5%、1%水平上显著。

另外，由于个人所得税减税后不在工作岗位的样本个体存在两种情况，一是自愿退出劳动力市场，二是非自愿性的失业。后者虽有工作意愿，但暂未找到合适的工作。为使实证结果更加稳健，本部分将样本个体在个人所得税改革后的受雇情况替换为该个体的工作意愿，使用式（4.6）进行再次回归，结果列示如表4-6所示。可以看到，回归系数为正（0.208），且在10%的水平上显著，这说明个人所得税改革显著地提高了受到冲击样本组的劳动参与意愿，即排除了非自愿失业因素后，本章的实证结果依然稳健。

其次，是安慰剂检验。为了保证研究结果的稳健性，本部分通过虚构个人所得税改革时间（将政策执行时间前置于 2017 年 1 月），采用 CFPS 2016 年和 2018 年的数据库进行了安慰剂检验。数据处理方法、模型的构建以及变量定义均与前文一致。

由于个人所得税改革于 2019 年正式实施，税收冲击的影响主要发生于 2019 年及以后，因此在虚构的政策实施时间下，个人所得税改革并未真实发生，核心解释变量税收冲击（Shock）的估计系数应当不显著。如果税收冲击（Shock）的估计系数显著，则说明处理组样本与控制组样本在劳动供给行为上的差异可能是受到其他混杂因素的影响，而不仅仅是个人所得税改革因素。表 4-7 中的安慰剂检验结果显示，对于样本个体的劳动参与行为，核心解释变量税收冲击（Shock）的估计系数为负且不显著，与预期一致。在以工作时间为被解释变量的安慰剂检验中，税收冲击（Shock）的估计系数仍不显著，同样符合预期。

表 4-7　　　　　　　　　　安慰剂检验结果

解释变量	劳动参与	工作时间
	模型（1）	模型（2）
税收冲击	-0.067 (0.138)	-0.281 (0.951)
性别	1.017*** (0.120)	1.656* (0.861)
年龄	-0.031*** (0.004)	-0.050 (0.050)
婚姻状态	-0.088 (0.166)	-0.420 (1.118)
受教育程度	0.184*** (0.026)	0.476 (0.291)
健康状况	-0.013 (0.053)	-0.194 (0.417)

解释变量	劳动参与	工作时间
	模型（1）	模型（2）
个人收入份额	0.734 *** （0.255）	− 1.670 （1.597）
家庭规模	− 0.041 （0.035）	− 0.122 （0.259）
净财富值	0.000 （0.000）	− 0.000 （0.000）
家庭净转移收入	0.000 （0.000）	− 0.000 ** （0.000）
自有住房	0.175 （0.151）	0.979 （1.038）
子女数量	0.511 *** （0.097）	0.267 （0.627）
地区 GDP 增长率	0.751 （1.362）	− 2.953 （10.415）
常数项	1.544 *** （0.394）	0.053 （2.797）
样本数	3272	2851
Pseudo R^2/R^2	0.0791	0.0044

注：括号内为稳健标准误；*、**、*** 分别表示在10%、5%、1%水平上显著。

再次，本章进行了限制样本回归。考虑到收入较高和较低的样本个体的收入水平、生活状态、工作意愿可能存在特殊性，并对实证检验结果产生影响，本部分还进行了限制样本的回归。具体来说，本部分剔除了原样本中月工资、薪金收入高于10000元或者低于800元的个体，然后仍旧采用式（4.6）和式（4.7）对剩余的样本进行回归分析，结果如表4-8所示。从表4-8列（1）的结果可以看到，在剔除了高收入和低收入样本后，个人所得税改革冲击仍然能够显著提高劳动者的劳动参与概率。表 4 - 8 列（2）的结果则显示，在剔除了高收入和低收入样本后，个人所得税改革冲击对于劳动者的工作时间仍无显著影响。

表 4 - 8　　　　　　　　　　　限制样本回归结果

解释变量	（1）	（2）	（3）
	劳动参与	工作时间	劳动参与
税收冲击	0. 163 * （0. 092）	- 0. 304 （0. 510）	0. 164 * （0. 094）
控制变量	是	是	是
样本数	8268	7464	10138
Pseudo R^2/R^2	0. 0739	0. 0111	0. 0845

注：括号内为稳健标准误；* 表示在 10% 水平上显著。

在限制样本回归中，本部分还将非自愿退出劳动市场的情形考虑在内。未受到个人所得税改革冲击的居民个体的收入水平普遍较低，其工作单位性质、个人能力、学历等情况通常与能够受到个人所得税改革冲击的较高收入的居民个体之间存在一定的差异。因而在未受到改革冲击的样本组中，部分个体退出劳动市场可能源于失业，而非主动退出，这可能会影响本章对个人所得税劳动供给效应的估计效果。基于此，本部分将非自愿退出劳动市场的样本，即失业样本删除，利用式（4.6）对剩余样本的劳动参与行为进行回归分析，结果列示于表 4 - 8 的列（3）。可以看到，在排除了失业因素对劳动参与行为的影响后，个人所得税改革冲击仍然显著影响了居民的劳动参与概率。

最后，由于双重差分模型（DID）能够较好地识别因果关系，并在较大程度上避免内生性，本章还基于 CFPS 2018 年和 2020 年的面板数据，采用双重差分模型进行了稳健性检验。参考吴辉航等（2017）、叶菁菁（2017）等文献的做法，建立式（4.9）和式（4.10）。

$$\text{Employ}_{it} = \beta_0 + \beta_1 \text{Shock}_i \times \text{Post}_{it} + \beta_2 X_{it} + \theta_i + \lambda_t + \varepsilon_{it} \quad (4.9)$$

$$\text{Workhourw}_{it} = \beta_0 + \beta_1 \text{Shock}_i \times \text{Post}_{it} + \beta_2 X_{it} + \theta_i + \lambda_t + \varepsilon_{it} \quad (4.10)$$

劳动参与（Employ）和劳动时间（Workhourw）分别表示居民个体的劳动参与行为和周劳动时间。税收冲击（Shock）为处理变量，表示居民个体是否受到个人所得税改革冲击。Post 为时间虚拟变量，表示个人所得税改革前后的期间。Shock × Post 为居民个体是否受到个人所得税改革冲击与时间的交互项，受到个人所得税改革冲击的样本在个人所得税改革以后的期间取值为 1，否则为 0。控制变量（X）包括居民个体的受教育程度、婚姻状况、户口类型、健康状况、家庭规模、所在地区的 GDP 增长率等。θ 和 λ 分别表示个体固定效应和时间固定效应。

表 4 - 9 汇报了利用双重差分模型进行回归分析的估计结果。其中列（1）和列（2）分别以劳动参与行为和劳动时间为被解释变量。在表 4 - 9 列（1）中，交互项"税收冲击×时间（Shock × Post）"的估计系数为 0.052，且在 1% 的水平上显著，说明个人所得税改革显著提高了处理组样本的劳动参与概率。

表 4 - 9　　　　　　　　　　双重差分模型估计结果

变量名	（1）	（2）
	劳动参与	工作时间
税收冲击×时间	0.052 *** (0.007)	- 0.613 (0.546)
控制变量	是	是
个体固定效应	是	是
时间固定效应	是	是
样本数	11556	9646
R - squared	0.0927	0.0073

注：括号内为稳健标准误；*** 表示在 1% 水平上显著。

在表 4 - 9 列（2）中，交互项"税收冲击×时间（Shock × Post）"的估计系数为负，系数绝对值较小，且不显著，说明个人所得税改革冲击并未明显改变处理组样本的劳动时间。双重差分模型的估计结果与基准回归保持一致，这说明本章的研究结论是稳健的。

4.3　本 章 小 结

本章主要关注个人所得税的劳动供给效应，首先分析了个人所得税对劳动供给数量、劳动供给质量和长期劳动力储备的影响，然后以 CFPS 2018 年和 2020 年数据库中的居民个体为样本，以劳动参与行为和劳动时间为被解释变量，以个体是否受到个人所得税改革冲击为解释变量，分别通过 Logistic 和 OLS 回归进行了实证检验。为保证研究结果的稳健性，还通过样本匹配、安慰剂检验、限制样本回归以及调整回归模型等方法进行了稳健性检验。

本章的研究结论显示，此次个人所得税改革显著提升了收入高于 3500 元且受到个人所得税改革冲击的群体的劳动参与概率，但对劳动供给时间无显著影响。此外，个体的婚姻状态、受教育程度、子女数量、性别等因素对个体劳动参与概率有正向影响；所属地区的 GDP 增长率、家庭规模、个人收入占家庭收入比重等因素对个体的劳动供给时间有正向影响。实证结果表明个人所得税在激励个体行为、激活劳动力存量、增加劳动供给，缓解劳动市场上的供需矛盾方面具有积极作用，也为个人所得税的进一步完善提供了一定的经验基础。

第5章 个人所得税创业 效应的实证分析

　　本章主要关注个人所得税对我国居民创业行为的影响。居民创业的目的多是获取经济利益。不论居民家庭采用公司制企业、合伙企业、个人独资企业或者个体工商户等任何组织形式进行创业，在获取创业收益时均需缴纳个人所得税。在居民创业前，个人所得税会影响居民的劳动收入和资金积累，在居民创业后，个人所得税则会影响创业净收益，因此个人所得税是居民创业过程中重要的影响因素。

　　研究个人所得税对居民行为的影响效应，以改革前后的居民家庭调查数据进行实证检验，是较为理想的做法。当前，我国学者研究个人所得税改革效应多采用中国家庭金融调查（CHFS）或者中国家庭追踪调查（CFPS）数据。CHFS 最新调查数据为 2019 年数据，其中居民财产、就业、收入等指标则代表了居民及其家庭在 2018 年的相关情况，但未能涵盖个人所得税改革之后的期间。CFPS 数据最近两次调查为 2018 年和 2020 年，分别处于个人所得税改革前后的期间，为我们研究个人所得税的改革效应提供了合适的样本。然而，目前 CFPS 2020 年的数据只公布了个人库，尚未完成和公布家庭库，亦无法对居民家庭的创业行为进行有效的实证检验。鉴于此，本章以 2011 年个人所得税改革为政策冲击，以 CHFS 2011 年和 2013 年调查数据为样本，对个人所得税的创业效应进行实证检验。

　　本章可能的贡献在于：一是分析了个人所得税对居民创业行为的影响机制，并进行了实证检验，补充了个人所得税减税效应的相关研究。现有文献多关注个人所得税改革的收入再分配效应，劳动供给效应，对税收遵从的影响等，以及关于创业的个人所得税优惠政策的效果，对于个人所得税改革的创业激励效应关注较少。本章从促进与抑制两个角度详细分析了个人所得税改革对居民创业行为的影响，并进行了实证检验，为个人所得税改革提供了经验证据。二是以家庭为单位考察个人所得税改革的创业效应。既有研究多是对居民个人的创业行为进行理论分析与实证检验，但实际上，创业更可能是居民家庭以全体家庭成员的财产和能力为基础做出的集体决策。本章以家庭创业行为为主要考察对象，能够更准确地评估个人所得税改革的创业效应。

5.1　个人所得税对居民创业的影响

个人所得税税负可能会影响居民是进入企业部门创业还是留在工薪阶层就业（Gurley – Calvez and Bruce，2013）。格斯巴赫等（Gersbach et al.，2019）发现当劳动所得的税负较高而公司利润的税负较低时，会有更多的创业行为发生。汉森（Hansson，2008）发现高税收负担会降低创业者的预期收入，而财产税还将减少创业者可用于创业的财产基础和资金，因此会对创业行为产生负面影响。

家庭创业决策是在自身企业家能力的基础上，根据外生的资本和信贷条件来决定的（Evans and Jovanovic，1989）。创业需要相应的资金支持，因而家庭财富水平是决定家庭创业决策的关键因素之一，这已得到诸多文献的验证（程郁和罗丹，2009；盖庆恩等，2013；张龙耀等，2013；卢亚娟等，2014；罗明忠和罗琦，2016；Banerjee and Newman，1993；Evans and Jovanovic，1989；Charles and Hurst，2003；Carroll，2001；Karaivanov，2012）。

个人所得税改革提高了基本减除费用标准，调整了税率和级距。

这些改革措施对大部分中低收入人群来说，具有降低税收负担，提高税后收入和家庭财富的效果。个人所得税改革改变了家庭的创业意愿和创业能力，并可能产生"抑制"和"促进"两个方向的影响。接下来，本部分分别展开讨论。

个人所得税改革措施通过以下三个途径激励家庭创业。

首先，税后收入和家庭财富的增加通过提高家庭创业的资金基础正向影响家庭创业能力。资本不足是家庭创业意向无法实施的重要原因之一（Hurst and Lusardi，2004）。有学者曾提出创业可能不是年轻人的选择，原因在于他们没有那么多时间去积累创业所需资金（Evans and Jovanovic，1989）。工资薪金税负的降低无疑加快了存在创业意向的家庭的资金积累速度。而拥有更高财富水平的家庭将更倾向于投入风险较高的创业活动（Charles and Hurst，2003；Carroll，2001）。个人所得税改革使得中低收入阶层工资薪金税负降低，税后收入提高，有助于积累创业资本，提升家庭创业的资金实力。

其次，家庭的风险承担能力在很大程度上决定了家庭的创业倾向，而个人所得税改革在一定程度上提高了家庭的风险承担能力。中低收入家庭工资薪金个人所得税税负的降低相当于工资薪金得到上涨，这有利于提高未来预期收入以及对创业项目的持续投资能力，进而提高了家庭的风险承担能力，最终亦会影响家庭的创业行为（Wilkinson and Pickett，2009）。

最后，个人所得税改革还可能通过促进人力资本投资而提升家庭创业能力和意向。个人所得税税负的降低可以增加家庭收入，放松家庭预算约束，刺激家庭教育支出（万相昱等，2017；刘利利等，2020），从而促进家庭人力资本积累。而人力资本积累对创业行为具有显著的促进作用（Lazear，2005）。

基于以上分析，本部分提出以下假设。

假设1a：工资薪金个人所得税改革通过提高家庭的资金基础、风险承担能力和人力资本积累促进家庭创业。

关于工资薪金的个人所得税改革还会通过以下两个途径抑制家庭创业。

第一，工薪家庭税后收入和家庭财富的增加弱化了家庭的创业激励（Newman，1995），降低了创业意愿。与受雇相比，创业活动面临着更大的风险、更高的难度以及需要付出更为艰辛的努力。在其他条件不变的情况下，关于工资薪金的个人所得税税负的降低，提高了家庭的税后工资水平和财富水平，这相当于降低了一个家庭选择开展创业活动预期能够带来的家庭收入和财富增加的额度，即降低了创业激励。

第二，从另一个角度来看，税后收入的增加还提高了从业创业活动的机会成本。在家庭成员辞职创业的情形下，该家庭成员须放弃原工资、薪金收入，也就是创业的机会成本。当工资薪金的个人所得税税负降低，导致税后工资率提高时，创业的机会成本也比个人所得税改革之前更大。

基于以上分析，本部分提出以下假设。

假设 1b：工资薪金个人所得税改革通过提高家庭的工资薪金收入，增加创业机会成本，降低创业激励而抑制家庭创业。

工资薪金个人所得税税负的降低和家庭税后收入的增加对不同收入水平家庭的影响可能并不相同。第一，低收入家庭可能拥有更低的工作满意度和更高的创业激励效应。居民受雇的目的在于取得劳动收入。工资、薪金收入水平低，意味着劳动者的劳动价值相对较低，相应的工作福利、工作条件和满意度亦会较低。因而，低收入家庭创业成功的激励效果会更加明显。第二，低收入家庭较低的工资、薪金收入使得其创业的机会成本也会比较低。第三，低收入家庭通常具有较为薄弱的资金基础，其创业活动更可能受到投资资金和融资约束的限制。而个人所得税改革更可能提高低收入家庭的未来预期收入，持续投资能力和抗风险能力。

与低收入家庭相比，高收入家庭通常拥有更高的工作满意度，更强的投资能力和资金实力，其创业决策更可能受到创业项目的前景和个人的偏好等因素的影响，而工资、薪金税负降低带来的影响则相对较小。

基于以上分析，本部分提出以下假设。

假设2：工资薪金个人所得税税负降低的创业激励效应在低收入家庭中更加显著，在高收入家庭中则不明显。

5.2　个人所得税对居民创业影响的实证检验

5.2.1　研究设计

（1）模型设定。

本章参考叶菁菁等（2017）、王秀艳等（2019）的做法，将2011年个人所得税改革看作一项政策试验，建立双重差分模型（DID）。并以中国家庭金融调查（CHFS）2011年和2013年的面板数据为样本，就个人所得税改革对居民家庭创业行为的影响进行实证检验。模型设定如下：

$$Entrepreneur_{it} = \beta_0 + \beta_1 Treat_i \times Post_{it} + \beta_2 X_{it} + \gamma_i + \lambda_t + \varepsilon_{it} \quad (5.1)$$

其中，下标i、t分别代表家庭i和t年。Entrepreneur表示家庭i在t年是否从事创业活动；Treat是表示家庭i受到税收冲击的处理变量，Post为表示个人所得税改革实施前后的时间虚拟变量；Treat × Post为税收冲击与个人所得税改革时间的交互项，其系数代表了个人所得税改革对居民家庭创业行为的影响；X代表了一系列影响居民家庭创业行为的控制变量，包括户主的年龄、性别、政治面貌、学历水平、婚姻状况等户主特征变量，家庭收入、金融资产、是否拥有住房、家庭规模、平均受教育年限、家庭抚养比等家庭特征变量，还包括地区（省份）人均 GDP、综合税负等区域特征变量。γ_i 为家庭固定效应，λ_t 为年度固定效应，ε_{it} 为随机误差项。

（2）变量选择与定义。

本章的被解释变量为创业行为，具体定义如下。

创业行为（Entrepreneur）：样本家庭是否从事创业活动的虚拟变量。如果某家庭从事创业活动，则 Entrepreneur 为 1，否则 Entrepreneur 为 0。是否从事创业活动则根据 CHFS 调查问卷中问题"您家是否从事工商业生产经营项目，包括个体户、租赁、运输、网店、微商、代购、经营公司企业等？"来确定。需要说明的是，限于筛选后的样本中机会型创业的样本数极少，本部分未按照现有部分文献的做法，将创业类型区分为生存型创业和机会型创业[①]。

本章的核心解释变量为处理变量（Treat）与时间变量（Post）的交互项，即政策处理（Treat × Post）。其中，时间变量（Post）为虚拟变量，在个人所得税改革以前的 2011 年取值为 0；个人所得税改革以后的 2013 年取值为 1。

对于处理变量（Treat），参考叶菁菁（2017）、徐润和陈斌开（2015）、刘蓉等（2019）、冯海波和蔡阳（2021）等文献的做法，采用三种方法进行构建，分别为是否受到个人所得税改革影响的虚拟变量（Treat_d）、个人所得税减免额（Treat_q）、个人所得税减免比率（Treat_r），并由此得到三个代表政策处理的交互项"是否受到税改影响 × 时间（Treat_d × Post）""税额减免 × 时间（Treat_q × Post）""税率减免 × 时间（Treat_r × Post）"。

在这之前，需先计算每个家庭受到的个人所得税改革冲击情况。由于居民创业决策都是基于居民家庭在收入、资产以及人力等方面的具体状况，以家庭为单位做出的，所以本章的个人所得税改革造成的

---

① 现有文献（如钱龙等，2021）通常根据创业项目所雇佣的员工数量来区分生存型创业和机会型创业。如果雇佣人数少于 7 人，则定义为生存型创业，如果雇佣人数在 7 人及以上则定义为机会型创业。按照这种标准，本部分研究的总样本中，仅有 8 户家庭为机会型创业。

税收冲击以家庭为单位进行衡量。对于税收冲击变量的具体计算，参考王秀艳等（2019）的做法，首先基于 2011 年的工资薪金收入计算每个家庭成员在新旧个人所得税制下的应纳个人所得税税额 Tax_new 和 Tax_old，二者相减即为家庭成员受到的税收冲击。然后将家庭内所有成员受到的税收冲击求和，即可得到每个家庭受到的税收冲击。

三种处理变量的具体构建方法如下：

第一种是将 Treat_d 定义为家庭是否受到个人所得税改革冲击的虚拟变量。如果某家庭在新税制下的应纳税额小于旧税制下的应纳税额，即该家庭受到了个人所得税改革冲击，则 Treat_d 取值为 1。如果某家庭在新税制下的应纳税额等于旧税制下的应纳税额，即该家庭未受到个人所得税改革冲击，则 Treat_d 取值为 0。

第二种是将 Treat_q 定义为家庭工资薪金收入在改革后的应纳税额减少额（税额减免），即家庭受到的个人所得税改革冲击之和，单位为百元。计算公式为：家庭税额减免 = （家庭 2011 工资薪金收入在旧税制下的应纳税额 − 家庭 2011 工资薪金收入在新税制下的应纳税额）/100，即 $Treat\_q = \sum (Tax\_old - Tax\_new)/100$。

第三种是将 Treat_r 定义为家庭工资薪金收入在改革后的平均税率降低值（税率减免）。计算公式为：家庭税率减免 = （家庭 2011 工资薪金收入在旧税制下的应纳税额 − 家庭 2011 工资薪金收入在新税制下的应纳税额）/家庭 2011 工资薪金收入，即 $Treat\_r = (Tax\_old - Tax\_new)/Income$。

本部分在双重差分模型中加入了一系列可能影响家庭创业行为且随时间变化的因素，具体如下。

家庭收入水平：家庭收入水平是家庭创业活动的基础，收入水平高的家庭能够更好地承担创业所需的经济成本，同时也可能面临着更高的创业机会成本，因此本部分将家庭工资、薪金收入纳入模型。首先根据 CHFS 调查问卷中工薪家庭受访者的"税后货币工资"和"税后奖金"倒推税前工资和奖金收入，并对同一家庭内所有成员的工资、奖金收入进行汇总。在此基础上，对家庭工资、奖金总收入加 1 后取对数。

家庭金融资产：创业活动需要较多的资本投入，因而一个家庭拥有的金融资产数额会对创业决策产生重要影响。本部分根据 CHFS 调查问卷中家庭拥有的活期存款、定期存款、股票、债券、基金以及期货、权证等金融衍生品的数额，通过汇总而得到家庭金融资产总额。在此基础上，对家庭金融资产总额加 1 后取对数。

家庭风险规避程度：参考孙楚仁等（2020）的做法，根据 CHFS 问卷中的问题"如果您有一笔资产，您愿意选择哪种投资项目？"对应的答案来确定家庭风险规避程度。该指标将风险规避程度划分为五个等级，数值越大，代表受访者及家庭风险规避程度越高。

受教育程度：受教育程度会影响劳动者的就业、收入水平、工作类型、劳动技能、创业能力、风险偏好等，因而会影响创业行为（罗明忠和罗琦，2016）。本部分将居民家庭的平均受教育年限和户主的受教育年限纳入模型。具体来说，根据调查问卷中的问题"家庭成员的文化程度"，按照"小学"6 年、"初中"3 年、"高中"3 年、"大专/高职"3 年、"本科"4 年、"硕士研究生"3 年、"博士研究生"3 年的标准进行折算，确定户主及每个家庭成员的受教育年限。家庭人均受教育年限则由每个家庭成员的受教育年限加总后再除以家庭成员数来确定。

家庭规模：共享收入、共担支出的家庭成员总数。根据问题"您家共有几位家庭成员？"来确定。

家庭抚养比：照顾家庭中老人和子女需要付出较多的时间和精力，而创业活动同样需要大量的时间资源，因此家庭中老人和子女的人数占比会对家庭的创业决策产生一定影响，故本部分将家庭抚养比纳入模型。根据 CHFS 调查问卷中"家庭成员的出生年"确认每一位家庭成员的年龄，本章将年龄在 65 岁及以上的家庭成员定义为老人，将年龄在 14 岁及以下的家庭成员定义为孩子，进而分别计算家庭老人占比和家庭孩子占比。

除上述变量外，本章还考虑了家庭自有住房、家庭的户籍类型、户主的性别、年龄、政治面貌、婚姻状态以及所属地区的综合税负、人均 GDP 等因素。表 5 - 1 汇报了本部分主要变量的含义及计算说明。

表 5 - 1 变量含义及计算说明

变量类型	变量名称	含义及计算说明
被解释变量	创业行为	样本家庭从事创业活动，则取值为 1，否则为 0
解释变量	是否受到税改影响 × 时间（Treat_d × Post）	对于受到个人所得税改革冲击的家庭在改革以后的年份，取值为 1，否则为 0
	税额减免 × 时间（Treat_q × Post）	家庭税额减免 Treat_q 与代表改革前后虚拟变量 Post 的乘积。其中，家庭税额减免 =（家庭 2011 工资薪金收入在旧税制下的应纳税额 - 家庭 2011 工资薪金收入在新税制下的应纳税额）/100
	税率减免 × 时间（Treat_r × Post）	家庭税率减免 Treat_q 与代表改革前后虚拟变量 Post 的乘积。其中，家庭税率减免 =（家庭 2011 工资薪金收入在旧税制下的应纳税额 - 家庭 2011 工资薪金收入在新税制下的应纳税额）/家庭 2011 工资薪金收入
控制变量	家庭收入水平	家庭所有成员工资、奖金总额加 1 后的对数值
	家庭金融资产	家庭活期存款、定期存款、股票、债券、基金以及期货、权证等金融衍生品总额加 1 后的对数值
	家庭人均受教育年限	每个家庭成员的受教育年限加总后再除以家庭成员数
	家庭规模	共享收入、共担支出的家庭成员总数。根据问题"您家共有几位家庭成员？"来确定
	自有住房	根据问题"目前，您家所居住的房屋是属于谁所有？"如果回答为"家庭成员自有的"，取值为 1；否则取值为 0
	家庭风险规避程度	根据"如果您有一笔资产，您愿意选择哪种投资项目"确定。选择"高风险、高回报""略高风险、略高回报""平均风险、平均回报""略低风险、略低回报""不愿意承担任何风险"的项目，分别赋值为 1、2、3、4、5

续表

变量类型	变量名称	含义及计算说明
控制变量	户口类型	非农业户口家庭为 1，农业户口家庭为 0
	家庭抚养比	(65 岁以上老人和 14 岁以下儿童人数)/家庭人口总数
	户主性别	男性为 1，女性为 0
	户主年龄	调查年度与出生年度之差
	户主政治面貌	中共党员或者预备党员为 1，否则为 0
	户主婚姻状况	根据问题"家庭成员婚姻状况"确定，已婚为 1，未婚、同居、离婚、分居、丧偶均为 0
	户主受教育年限	根据调查问卷问题"家庭成员的文化程度"的选项确定，回答"没上过学"为 0 年，"小学"为 6 年，"初中"为 9 年，"高中、中专、职高"为 12 年，"大专、高职"为 15 年，大学本科为 16 年，硕士研究生为 19 年，博士研究生为 22 年
	地区综合税负	样本家庭所在地区税收收入/GDP
	地区人均 GDP	当地经济发展水平，为 GDP 与该地区人口总数的比值

（3）样本选取与数据来源。

要实证检验个人所得税的创业效应，选取改革前后居民家庭的创业行为调查数据作为研究样本是最为理想的。中国家庭金融调查（China Household Finance Survey，CHFS）和中国家庭追踪调查（China Family Panel Studies，CFPS）均具有良好、全面的数据结构和连续性，但限于 CHFS 2019 年追踪调查期间仅涵盖个人所得税改革前的 2018 年，而 CFPS 2020 年调查数据的家庭库数据尚未公布，因而本部分选取了 CHFS 2011 年基线调查和 2013 年追踪调查的数据为样本，检验了 2011 年个人所得税改革对居民家庭创业行为的影响。

中国家庭金融调查（CHFS）是由西南财经大学中国家庭金融调查与研究中心在全国范围内开展的抽样调查项目，收集信息包括家庭收入与消费、金融财富、住房资产、人口特征与就业等，对家庭的就业、创业、投资、消费等进行了全面细致的刻画，为学术研究和政府决策提供高质量的微观家庭金融数据支持。

CHFS 2011 年基线调查和 2013 年追踪调查分别在 2011 年和 2013 年的 7 月至 8 月完成，为研究 2011 年 9 月进行的个人所得税改革提供了良好的时间窗口。由于需要使用面板数据，利用双重差分模型对工薪家庭的创业行为进行实证检验，因此本部分按照如下标准对样本数据进行了筛选与处理：第一，仅保留在 2011 年和 2013 年调查中均采集了数据的家庭样本；第二，剔除 2011 年基线调查时已经从事创业活动的样本；第三，剔除 2011 年无工资薪金收入或者工资薪金收入数据缺失的样本，原因在于无法确定其是否受到个人所得税改革的影响；第四，删除关键指标异常的家庭；第五，为避免极端数值的影响，对居民家庭的收入和金融资产进行对数化处理。在经过上述筛选与处理之后，本章最终得到 1556 户家庭，共 3112 个家庭的年度观察值。

（4）描述性统计。

本部分主要使用 Stata 17.0 对样本数据的主要变量进行了描述性统计，并进行了实证分析。表 5 - 2 汇报了主要变量的描述性统计结果。可以看到，创业的平均值为 0.042，这说明在 2011 年的 1556 户工薪家庭中，有 8.4% 的家庭在个人所得税改革后进行了创业活动。是否受到税改影响的平均值为 0.52，说明有 52% 的家庭受到个人所得税改革的冲击，进入了处理组，48% 的家庭未受到个人所得税改革冲击，进入控制组。样本家庭的平均个人所得税减免额度为 852 元，减免额度最大的家庭的减免额为 11520 元。税额减免的标准差为 16.581，说明不同家庭的个人所得税减免额度差距较大。从个人所得税税率减免情况来看，所有家庭的个人所得税税负平均降低了 1.167%，税负降低最大的为 6.387%。家庭收入水平的对数的平均值为 9.438，最小值为 0，最大值为 13.481。在数据处理阶段，本章删除了改革前工资薪金收入为 0 的所有家庭样本。此处出现最小值为 0 的情况，是由于部分家庭在 2013 年从事创业活动后，不再受雇于其他单位，故家庭的收入水平为 0。自有住房的平均值为 0.864，即

86.4%的家庭拥有自有住房。家庭规模的平均值为 3.442，最小值和最大值分别为 1 和 14，说明样本家庭中平均拥有 3.442 口人，规模最大家庭拥有 14 口人，规模最小的家庭仅有 1 口人。

表 5 - 2　　　　　　　　　　　主要变量描述性统计

主要变量	样本数	平均值	中位数	最小值	最大值	标准差
创业	3112	0.042	0	0	1	0.201
是否受到税改影响	3112	0.52	1	0	1	0.500
税额减免	3112	8.520	0.316	0	115.2	16.581
税率减免	3112	1.167	0.114	0	6.387	1.7263
时间	3112	0.500	0.500	0	1	0.500
是否受到税改影响×时间	3112	0.26	0	0	1	0.439
税额减免×时间	3112	4.26	0	0	115.2	12.475
税率减免×时间	3112	0.583	0	0	6.387	1.351
家庭收入水平（对数）	3112	9.438	10.374	0	13.481	3.167
家庭金融资产（对数）	3050	9.295	9.306	0.916	15.356	2.119
家庭人均受教育年限	3102	10.802	10.5	0	22	3.393
家庭规模	3112	3.442	3	1	14	1.282
自有住房	3112	0.864	1	0	1	0.343
家庭风险规避程度	3096	3.745	4	1	5	1.305
户口类型	3034	0.609	1	0	1	0.488
家庭抚养比	3112	0.189	0.2	0	1	0.204
户主性别	3112	0.712	1	0	1	0.453
户主年龄	3112	44.049	43	17	86	10.609
户主政治面貌	3087	0.235	0	0	1	0.424
户主婚姻状况	3098	0.897	1	0	1	0.304
户主受教育年限	3100	10.96	12	0	22	3.809
地区综合税负	3112	0.083	0.077	0.044	0.175	0.036
地区人均 GDP	3112	46050.363	41106	13119	93173	20414.779

资料来源：笔者根据历年《中国统计年鉴》、中国家庭金融调查（CHFS）相关资料整理所得。

在户主特征变量中，户主性别的平均值为 0.712，说明 71.2% 的家庭户主为男性。户主政治面貌的平均值为 0.235，即 23.5% 的家庭户主为中国共产党党员。在地区特征变量中，地区综合税负的平均值、最小值、最大值分别为 0.083、0.044、0.175，表明税负最低省份的税收收入占当地 GDP 的比重为 4.4%，而税负最高的省份的税收收入占当地 GDP 的比重为 17.5%，不同地区的税负差距较大，因而不同地区的居民创业活力可能也会有较大差异。

5.2.2 个人所得税对居民创业影响的实证结果

（1）全样本回归结果。

表 5-3 列示了利用式（5.1）检验个人所得税改革对工薪家庭创业行为的影响的双重差分估计结果。其中，表 5-3 列（1）是以家庭是否受到个人所得税改革影响和时间的交互项为处理变量的估计结果。可以看到，系数估计值为 0.0263，且在 10% 的水平上显著。这说明，个人所得税改革能够促进家庭的创业行为的发生。在接下来的以税额减免和税率减免与时间交互项为解释变量的回归中，估计系数较小，分别为 0.0004 和 0.0047，且并不显著。整体来看，本章的假设 1a 得到验证，即工资薪金个人所得税税负的降低促进了家庭创业行为的发生，而假设 1b 未能获得实证结果支持。

表 5-3　　　　　　　　　　　全样本回归结果

解释变量	(1)	(2)	(3)
	创业	创业	创业
是否受到税改影响×时间（Treat_d×Post）	0.0263* (0.015)		
税额减免×时间（Treat_q×Post）		0.0004 (0.0004)	

解释变量	（1）	（2）	（3）
	创业	创业	创业
税率减免 × 时间 （Treat_r × Post）			0.0047 (0.0044)
家庭收入水平	− 0.0120 *** (0.0025)	− 0.0118 *** (0.0024)	− 0.0118 *** (0.0024)
家庭金融资产	0.0116 *** (0.0037)	0.0114 *** (0.0037)	0.0115 *** (0.0037)
家庭人均受教育年限	0.0068 * (0.0041)	0.0067 * (0.0041)	0.0066 * (0.0041)
家庭规模	0.0104 * (0.0062)	0.0101 * (0.0062)	0.0102 * (0.0062)
自有住房	− 0.0101 (0.0286)	− 0.0083 (0.0288)	− 0.0090 (0.0287)
家庭风险规避程度	− 0.0031 (0.0048)	− 0.0031 (0.0048)	− 0.0030 (0.0048)
家庭抚养比	− 0.0381 (0.0432)	− 0.0361 (0.0434)	− 0.0365 (0.0434)
户主性别	0.0037 (0.0193)	0.0036 (0.0193)	0.0035 (0.0193)
户主年龄	− 0.0011 (0.0012)	− 0.0012 (0.0012)	− 0.0011 (0.0012)
户主政治面貌	− 0.0495 * (0.0283)	− 0.0480 * (0.0284)	− 0.0483 * (0.0284)
户主婚姻状况	− 0.0394 (0.0281)	− 0.0405 (0.0284)	− 0.0404 (0.0283)
户主受教育年限	− 0.0020 (0.0038)	− 0.0019 (0.0038)	− 0.0019 (0.0038)
户口类型	0.0140 (0.0377)	0.0136 (0.0377)	0.0135 (0.0378)

续表

解释变量	(1)	(2)	(3)
	创业	创业	创业
地区综合税负	− 5. 7135 *** （1. 8624）	− 5. 9644 *** （1. 9027）	− 5. 9219 *** （1. 8925）
地区人均 GDP	0. 0000 （0. 0000）	0. 0000 （0. 0000）	0. 0000 （0. 0000）
常数项	0. 6294 ** （0. 1947）	0. 6429 ** （0. 1989）	0. 6387 *** （0. 1981）
样本量	2942	2942	2942
R – squared	0. 1294	0. 1281	0. 1282

注：括号内为稳健标准误；＊、＊＊、＊＊＊分别表示在 10%、5%、1% 水平上显著。

在控制变量中，家庭收入水平的估计系数在 1% 的水平上显著为负，这说明，在本章所采用的样本中，随着收入水平的增加，家庭创业的概率在降低。家庭金融资产的估计系数在 1% 的水平上显著为正，这说明家庭拥有的财富越多，创业的概率越大。家庭收入水平与家庭金融资产对创业行为的影响方向相反。个人所得税税负降低的财富效应和机会成本效应对家庭创业行为的影响存在一定程度的相互抵消。这与本章理论分析部分提出的观点一致，即个人所得税改革通过提高家庭创业资金促进家庭创业，通过提高家庭的工资薪金收入，增加创业机会成本而抑制家庭创业。

此外，家庭规模、户主政治面貌、地区综合税负亦对家庭的创业活动有显著影响。家庭规模的系数估计值为正，在 10% 的水平上显著，说明其对家庭的创业行为存在正向激励作用。通常，创业活动的初期需要一定的财力和人力来支撑。在其他条件相同的情况下，家庭规模越大，能够提供的创业资金越多，风险承担能力越强，并且能够提供的人力和精力也越多。地区综合税负同样对居民的创业活动具有显著的影响。三次回归中，地区综合税负的系数估计值分别为

-5.7135、-5.9644、-5.9219，较为接近，且均在1%的水平上显著，说明地区税负越高，创业活动发生的概率越低。

户主政治面貌的系数估计值在10%的水平上显著为负，这说明相对于户主为非中国共产党党员的家庭，户主为共产党员的家庭创业概率更低。其原因在于，共产党员的身份与体制内工作通常具有较高的相关性，而体制内工作相对稳定，使得相应个体或者家庭的创业倾向和创业激励更低。

（2）基于收入水平的分组回归结果。

前述影响分析部分提出，个人所得税改革对不同收入人群的创业激励效应可能并不相同。为了比较个人所得税改革背景下，低收入样本组和高收入样本组在创业行为上的差异，本部分依据家庭工资、薪金收入的中位数，对全部样本进行了分组。在此基础上，仍采用式（5.1）对两组数据分别进行了回归分析，结果如表5-4和表5-5所示。从表5-4的列（1）可以看到，在以是否受到税改影响和时间的交互项为处理变量的回归中，系数估计值为0.0952，且在5%的水平上显著。系数估计值的绝对值和显著性水平均高于全样本中的回归结果。这说明个人所得税改革能够显著促进低收入样本组中家庭的创业行为的发生。表5-4列（2）和列（3）中分别汇报了针对税额减免和税率减免的回归结果，相应的系数估计值也是显著为正的。从表5-5可以看到，在对高收入样本组的回归分析中，三种处理变量的回归结果均不显著。假设2得到验证。

表5-4 低收入样本组回归结果

解释变量	（1）	（2）	（3）
	创业	创业	创业
是否受到税改影响×时间（Treat_d×Post）	0.0952 ** （0.0433）		
税额减免×时间（Treat_q×Post）		0.0412 * （0.0212）	

续表

解释变量	（1） 创业	（2） 创业	（3） 创业
税率减免×时间 （Treat_r×Post）			0.0824 * （0.0479）
控制变量	是	是	是
家庭固定效应	是	是	是
时间固定效应	是	是	是
样本量	1456	1456	1456
R－squared	0.1586	0.1579	0.1550

注：括号内为稳健标准误；＊、＊＊分别表示在10%、5%水平上显著。

表5－5　　　　　　　　高收入样本组回归结果

解释变量	（1） 创业	（2） 创业	（3） 创业
是否受到税改影响× 时间（Treat_d×Post）	0.0320 （0.0279）		
税额减免×时间 （Treat_q×Post）		0.0004 （0.0005）	
税率减免×时间 （Treat_r×Post）			0.0063 （0.0063）
控制变量	是	是	是
家庭固定效应	是	是	是
时间固定效应	是	是	是
样本量	1486	1486	1486
R－squared	0.0838	0.0837	0.0848

注：括号内为稳健标准误。

综合两个样本组的回归结果可以发现，个人所得税税负的降低能够显著促进低收入样本家庭的创业行为，对高收入样本家庭则无影响。其原因有以下几点：一是低收入家庭的收入水平较低，创业成功带来的激励更大；二是低收入家庭的工作满意度相对较低，创业的机会成本更低；三是低收入家庭整体税负的降低，能够给家庭创业项目的实施提供更多的资金支持；四是与低收入家庭相比，高收入家庭具有更强的资金实力，其创业决策的关键影响因素更可能是项目前景、个人偏好，而非创业资金的不足。

（3）稳健性检验。

为保证研究结果的稳健性，本部分进行了限制样本回归、倾向得分匹配等稳健性检验。

首先，考虑到在全样本的收入区间过大，其中极高收入和极低收入家庭的收入、资产和创业行为会存在特殊性，本部分进行了限制样本的回归。具体来说，本部分剔除了原样本中收入最高和最低的5%的样本，仅对处于5%～95%分位数的样本进行回归分析，结果如表5-6所示。

从表5-6可以看出，限制样本回归的结果与原样本相近。首先，从列（1）至列（3）可以看到，在剔除了极高收入和极低收入家庭的影响后，"是否受到税改影响×时间"的估计系数仍在10%的水平上显著为正，而"税额减免×时间"和"税率减免×时间"的系数估计值仍不显著。在5%～95%样本区间的低收入样本组和高收入样本组的回归结果中，三种处理变量的系数估计值与显著情况亦与主回归中的结果相近。

其次，采用倾向得分匹配的方法对样本进行了筛选，以减少样本选择偏差。本部分采用的双重差分模型中，对处理组和对照组的选择是根据其是否受到个人所得税改革冲击而确定的。实际上，个人所得税改革冲击与家庭收入是正相关的，即对照组和处理组的选择并不是随机的。为了降低处理组与对照组之间的差异，本部分采用倾向得分匹配的方法对样本进行了筛选。

表 5 - 6　　　　　　限制样本回归

变量名	5%～95%样本区间			低收入样本组			高收入样本组		
	(1)	(2)	(3)	(4)	(5)	(6)	(7)	(8)	(9)
是否受到税改影响×时间（Treat_d × Post）	0.0265* (0.0158)			0.0982** (0.0442)			0.0325 (0.0298)		
税额减免×时间（Treat_q × Post）		0.0007 (0.0007)			0.0412** (0.0210)			0.0006 (0.0008)	
税率减免×时间（Treat_r × Post）			0.0045 (0.0050)			0.0837* (0.0477)			0.0054 (0.0068)
控制变量	是	是	是	是	是	是	是	是	是
家庭固定效应	是	是	是	是	是	是	是	是	是
时间固定效应	是	是	是	是	是	是	是	是	是
样本量	2664	2664	2664	1336	1336	1336	1328	1328	1328
R - squared	0.1306	0.1295	0.1293	0.1678	0.1664	0.1636	0.0782	0.0779	0.0781

注：括号内为稳健标准误；*、** 分别表示在10%、5%水平上显著。

参考已有文献以及 R^2 最大原则，本章以家庭创业行为为结果变量，以家庭收入水平、家庭金融资产、平均受教育程度、风险规避程度、家庭规模、户主年龄、政治面貌、地区综合税负、地区人均 GDP 等为协变量，依据平衡性检验的结果，最终选择该匹配，为每个处理组企业挑选出与其相似的对照组企业。以 PSM 处理后的家庭为样本，仍旧采用双重差分式（5.1）对筛选后的样本进行回归分析，结果如表 5－7 所示。可以看到，回归结果与主回归结果相近。这说明在考虑了处理组与对照组的差异后，个人所得税改革仍能够促进家庭的创业行为，这进一步说明了研究结果的稳健性。

（4）异质性分析。

在个人所得税改革的冲击之下，不同的家庭可能表现出不同的创业行为。因此，本部分进一步考察了不同地区、不同的户主政治面貌和不同的户主受教育程度的家庭的异质性。

由于我国东部、中部、西部地区的经济发展水平、社会背景、文化传统、居民行为方式不同，因而个人所得税改革的创业行为效应亦可能不同。基于此，本部分按照样本家庭所处地区的不同，进行了异质性分析。又由于东部地区样本数量较多，中部、西部地区样本数量较少，因此本部分将原样本分为东部地区样本组和中西部地区样本组[1]，进行分组回归，结果如表 5－8 所示。

在东部地区所有样本的回归结果中，处理变量"是否受到税改影响×时间""税额减免×时间""税率减免×时间"的系数估计值为正，但均不显著。在东部地区的高收入样本组的回归结果中，"是否受到税改影响×时间"的系数估计值为负，"税额减免×时间""税率减免×时间"的系数估计值为正，三者均不显著。在东部地区低收入样本组的回归结果中，处理变量"是否受到税改影响×时间"

---

[1]　东部地区包括北京市、天津市、河北省、辽宁省、上海市、江苏省、浙江省、福建省、山东省、广东省、海南省；中西部地区包括山西省、吉林省、黑龙江省、安徽省、江西省、河南省、湖北省、湖南省、内蒙古自治区、广西壮族自治区、重庆市、四川省、贵州省、云南省、陕西省、甘肃省、青海省以及宁夏、新疆维吾尔自治区。

表 5 – 7　倾向得分匹配后的样本回归结果

变量名	匹配后所有样本			低收入样本组			高收入样本组		
	(1)	(2)	(3)	(4)	(5)	(6)	(7)	(8)	(9)
是否受到税改影响 × 时间（Treat_d × Post）	0.0258 * (0.0154)			0.0770 ** (0.0363)			0.0261 (0.0288)		
税额减免 × 时间（Treat_q × Post）		0.0005 (0.0005)			0.0283 * (0.0152)			0.0006 (0.0005)	
税率减免 × 时间（Treat_r × Post）			0.0039 (0.0046)			0.0644 * (0.0367)			0.0055 (0.0059)
控制变量	是	是	是	是	是	是	是	是	是
家庭固定效应	是	是	是	是	是	是	是	是	是
时间固定效应	是	是	是	是	是	是	是	是	是
样本量	2756	2756	2756	1376	1376	1376	1380	1380	1380
R – squared	0.1305	0.1295	0.1292	0.1590	0.1570	0.1562	0.0788	0.0807	0.0797

注：括号内为稳健标准误；*、** 分别表示在 10%、5% 水平上显著。

表 5 - 8　地区异质性分析结果

变量名	总样本			低收入样本组			高收入样本组		
	(1)	(2)	(3)	(4)	(5)	(6)	(7)	(8)	(9)
				东部地区样本					
是否受到税改影响×时间（Treat_d × Post）	0.0314 (0.0214)			0.1547** (0.0719)			−0.0035 (0.0462)		
税额减免×时间（Treat_q × Post）		0.0006 (0.0007)			0.0610* (0.0316)			0.0009 (0.0007)	
税率减免×时间（Treat_r × Post）			0.0048 (0.0059)			0.1423** (0.0676)			0.0102 (0.0083)
控制变量	是	是	是	是	是	是	是	是	是
家庭固定效应	是	是	是	是	是	是	是	是	是
时间固定效应	是	是	是	是	是	是	是	是	是
样本量	1632	1632	1632	672	672	672	960	960	960
R - squared	0.1619	0.1608	0.1604	0.2223	0.2143	0.2150	0.0996	0.1065	0.1065
				中西部地区样本					
是否受到税改影响×时间（Treat_d × Post）	0.0032 (0.0210)			0.0435 (0.0537)			0.0437 (0.0295)		

续表

变量名	总样本			中西部地区样本	低收入样本组		高收入样本组		
	(1)	(2)	(3)	(4)	(5)	(6)	(7)	(8)	(9)
税额减免 × 时间 (Treat_q × Post)		-0.0002 (0.0008)			0.0245 (0.0222)			-0.0006 (0.0011)	
税率减免 × 时间 (Treat_r × Post)			-0.0004 (0.0068)			0.0333 (0.0468)			-0.0056 (0.0104)
控制变量	是	是	是	是	是	是	是	是	是
家庭固定效应	是	是	是	是	是	是	是	是	是
时间固定效应	是	是	是	是	是	是	是	是	是
样本量	1310	1310	1310	784	784	784	526	526	526
R - squared	0.1110	0.1110	0.1110	0.1502	0.1517	0.1491	0.1698	0.1679	0.1680

注：括号内为稳健标准误；*、**分别表示在10%、5%水平上显著。

"税率减免×时间"的系数估计值在 5% 的水平上显著为正，且系数估计值明显大于未区分地区时的低收入样本组的回归结果。"税额减免×时间"的系数估计值在 10% 的水平上显著为正。这说明，个人所得税改革显著促进了东部地区的低收入家庭的创业行为的发生，对东部地区的高收入家庭无促进作用。

在中西部地区的所有样本、低收入样本组和高收入样本组的回归结果中，处理变量"是否受到税改影响×时间""税额减免×时间""税率减免×时间"的系数估计值均不显著，且系数估计值的绝对值普遍较小。这说明个人所得税改革对中西部地区居民的创业活动并没有促进作用。这也说明，个人所得税改革的创业行为效应在东部、中西部地区呈现完全不同的结果。相应的，基于创业激励视角的个人所得税政策的制定，也应将这一情况考虑在内。

此外，考虑到我国东北地区在经济发展水平、人口资源、社会环境、产业结构等方面与其他地区有所不同，本部分在前述地区异质性分析的基础上进一步将东北地区样本单独分组，检验个人所得税对东北地区居民创业行为的影响。回归结果显示，个人所得税改革未能显著促进东北地区居民创业行为的发生。

在家庭异质性分析中，本部分主要关注了户主政治面貌、受教育程度等特征不同而带来的创业效应的异质性。

首先是户主政治面貌异质性分析。根据户主的政治面貌是否为中国共产党党员，将全样本分为两组，分别进行回归分析。表 5 - 9 汇报了户主政治面貌的异质性分析结果。可以看到，对于户主政治面貌为中国共产党党员的样本组，三项交互项"是否受到税改影响×时间""税额减免×时间""税率减免×时间"的系数估计值均不显著。对于户主政治面貌为非中国共产党党员的样本组，"是否受到税改影响×时间"的回归系数显著为正，且绝对值大于全样本的回归系数绝对值，这说明个人所得税改革主要通过促进户主为非党员的家庭的创业行为而产生创业激励效应。地区分高低收入样本的回归结果中，

表 5 - 9　户主政治面貌异质性分析结果

解释变量	总样本			低收入样本组			高收入样本组		
	(1)	(2)	(3)	(4)	(5)	(6)	(7)	(8)	(9)
户主政治面貌为非中国共产党党员									
是否受到税改影响×时间（Treat_d × Post）	0.0374** (0.0182)			0.1056** (0.0439)			0.0146 (0.0386)		
税额减免×时间（Treat_q × Post）		0.0008 (0.0007)			0.0372** (0.0183)			0.0009 (0.0008)	
税率减免×时间（Treat_r × Post）			0.0071 (0.0059)			0.0782* (0.0417)			0.0087 (0.0083)
控制变量	是	是	是	是	是	是	是	是	是
家庭固定效应	是	是	是	是	是	是	是	是	是
时间固定效应	是	是	是	是	是	是	是	是	是
样本量	2256	2256	2256	1252	1252	1252	1004	1004	1004
R - squared	0.1419	0.1397	0.1396	0.1607	0.1568	0.1555	0.0694	0.0766	0.0746
户主政治面貌为中国共产党党员									
是否受到税改影响×时间（Treat_d × Post）	-0.0325 (0.0344)			-0.0707 (0.0741)			0.0396 (0.0376)		

续表

解释变量	总样本			低收入样本组			高收入样本组		
	(1)	(2)	(3)	(4)	(5)	(6)	(7)	(8)	(9)
				户主政治面貌为中国共产党党员					
税额减免×时间（Treat_q×Post）		0.0002 (0.0007)			-0.0015 (0.0460)			-0.0030 (0.0010)	
税率减免×时间（Treat_r×Post）			-0.0019 (0.0070)			-0.0285 (0.0875)			-0.0010 (0.0094)
控制变量	是	是	是	是	是	是	是	是	是
家庭固定效应	是	是	是	是	是	是	是	是	是
时间固定效应	是	是	是	是	是	是	是	是	是
样本量	686	686	686	204	204	204	482	482	482
R – squared	0.1177	0.1148	0.1146	0.3500	0.3388	0.3395	0.1952	0.1946	0.1941

注：括号内为稳健标准误；*、**分别表示在 10%、5% 水平上显著。

可以发现三项处理组的估计系数仍然是在低收入样本组中显著为正，而在高收入样本组中则不显著。

其次是户主受教育程度的异质性分析。根据户主是否接受过高等教育将样本区分为两组，分别进行回归分析。结果显示在户主未接受高等教育的样本组中，"是否受到税改影响×时间"的回归系数为0.0332，并在10%的水平上显著，其他情况下三项处理组的系数均不显著（见表5-10）。也就是说，关于工资薪金的个人所得税改革主要是促进了户主未接受高等教育的家庭的创业行为。

表 5 – 10 　　　　　　　　　　户主受教育程度异质性分析结果

解释变量	户主未接受高等教育			户主接受高等教育		
	（1）	（2）	（3）	（4）	（5）	（6）
是否受到税改影响×时间（Treat_d × Post）	0.0332 *（0.0164）			– 0.0377（0.0427）		
税额减免×时间（Treat_q × Post）		0.0005（0.0009）			0.0002（0.0003）	
税率减免×时间（Treat_r × Post）			0.0028（0.0063）			– 0.0017（0.0082）
控制变量	是	是	是	是	是	是
家庭固定效应	是	是	是	是	是	是
时间固定效应	是	是	是	是	是	是
样本量	2140	2140	2140	802	802	802
R – squared	0.1248	0.1222	0.1220	0.1731	0.1706	0.1706

注：括号内为稳健标准误；＊表示在10%水平上显著。

5.3　本章小结

本章主要关注了个人所得税的创业行为效应。首先分析了我国个人所得税改革对居民创业的影响，提出了工资薪金个人所得税改革对居民创业行为作用路径：一是工资薪金个人所得税改革通过提高家庭的工资薪金收入，增加创业机会成本，降低创业激励而抑制家庭创业；二是工资薪金个人所得税改革通过提高家庭的资金基础、风险承担能力和人力资本积累促进家庭创业。在此基础上，通过建立双重差分模型，利用中国家庭金融调查（CHFS）数据进行了实证检验。为保证研究结论的稳健性，还进行了限制样本回归、倾向得分匹配等稳健性检验。

本章的主要研究结论如下：

个人所得税改革促进了家庭创业行为的发生。在以家庭是否受到个人所得税改革影响和时间的交互项为解释变量的回归中，系数估计值为 0.0263，且在 10% 的水平上显著。尽管个人所得税改革对家庭创业行为存在促进和抑制两种相反的作用，但是整体上还是促进了创业行为的发生。

家庭收入水平、家庭金融资产、家庭规模、户主政治面貌、地区综合税负等因素均对家庭的创业活动有显著的影响。其中，家庭收入水平的估计系数在 1% 的水平上显著为负，这说明，在本章样本中，随着收入水平的增加，家庭创业的概率在降低。家庭金融资产的估计系数在 1% 的水平上显著为正，说明家庭拥有的财富越多，创业的概率越大。

个人所得税税负的降低能够显著促进低收入样本家庭的创业行为，对高收入样本家庭则无影响。其原因在于低收入家庭的收入水平和工作满意度均较低，创业的机会成本更小，创业的激励更大，而高收入家庭具有更强的资金实力，其创业决策的关键影响因素更可能是项目前景、创业回报、个人偏好等，而非创业资金的不足。

个人所得税改革的创业激励效应存在异质性。个人所得税改革主要促进了东部地区低收入家庭的创业行为，对东部地区高收入家庭以及中西部地区家庭无显著影响。

第6章 个人所得税消费效应的实证分析

  中国家庭长期存在的低消费、高储蓄状况是我国扩大内需和构建双循环发展格局面临的关键问题，同时也是我国实现需求侧管理目标和双循环战略目标的关键推进路径。作为经济调控的重要政策工具，税收政策会对居民的消费行为产生较为重要的影响。例如，增值税和消费税通过影响商品价格而影响居民的消费需求和支出，个人所得税通过影响劳动供给、创业、税后工资率和家庭可支配收入而影响居民消费。

  关于个人所得税对居民消费行为的影响，限于微观数据的缺失，早期的研究多采用宏观数据，如王鑫和吴斌珍（2011）、徐全红（2013）等。2015年以后，基于微观数据的实证研究开始增多，如徐润和陈斌开（2015）、黄晓虹（2018）等。本章对于个人所得税消费效应的分析采用了微观层面的中国家庭金融调查（CHFS）数据。

  本章首先分析了个人所得税改革措施对居民消费的影响，在此基础上通过构建双重差分模型，利用CHFS 2011年和2013年的数据进行了实证检验，为个人所得税的消费效应提供了微观层面的经验证据。

  本章可能的贡献在于：第一，更加细致地分析了个人所得税改革对居民消费行为的影响机制。现有研究多认为个人所得税改革通过改变家庭收入而促进消费，本书认为，个人所得税改革还可以通过促进居民的劳动供给和创业行为而影响消费。第二，由于居民家庭可能具有不同的家庭背景、风险偏好和个体特征，本章在基准回归的基础上针对不同地区、年龄的家庭的消费行为进行了异质性检验。第三，本章还对个人所得税影响居民消费行为的劳动供给与创业两条间接路径进行了检验。

6.1　个人所得税对居民消费的影响

促进消费的关键在于提升居民的消费意愿、消费能力和消费环境等（李香菊等，2015）。其中，消费能力受制于居民的收入和产品价格，消费意愿则决定于居民的边际消费倾向和未来预期收入，两者直接影响居民的消费需求和支出（计金标等，2020）。还有学者认为居民收入占国民收入分配比重是影响居民消费率的重要原因（Aziz and Cui，2007）。

居民收入是决定消费行为的最根本因素，我国个人所得税改革整体上表现出对中低收入人群的减税倾向。居民获得改革带来的减税收益和收入的提高有利于直接提高居民的消费支出。同时，个人所得税改革还会通过改变居民的劳动供给和创业行为，从而进一步改变居民的消费行为。因此，个人所得税影响居民家庭消费的路径包括"个人所得税改革→消费支出"的直接路径，以及以劳动供给和创业为中介的间接路径，即"个人所得税改革→劳动供给→消费支出"和"个人所得税改革→创业→消费支出"。接下来，本部分分别展开阐述。

（1）个人所得税对居民消费的直接影响分析。

从直接路径来看，我国以减税为特征的个人所得税改革可直接提高居民收入水平和消费支出。

首先，个人所得税改革通过提高居民当期收入而提升消费能力。我国居民的收入与消费支出高度相关（方福前，2009）。2011 年个人所得税改革将工资薪金所得的基本减除费用标准由 2000 元/月提升至 3500 元/月，并且调整了税率和级距。在此政策下，6000 万居民无需再缴纳个人所得税，月收入额在 38600 元以下工薪阶层税负均有所下降。当个人所得税改革降低了税负，提升了税后收入水平时，居民的消费能力便得到增强。

其次，个人所得税改革通过提高居民的未来预期收入而提升居民消费意愿。我国的个人所得税改革体现为永久性的减税政策。随着我国经济的发展、人民生活水平的提高，未来的个人所得税改革更可能表现为进一步的减税趋势。对于绝大多数居民，个人所得税税负提高的可能性极低。因而，居民的未来预期收入会增加，因而消费意愿会有所增强。

最后，个人所得税改革通过提高中低收入人群的收入而提高了社会整体边际消费倾向。当居民取得收入时，会将其中的一部分收入转化为消费，且这个消费比例会随着收入的提高而逐渐降低。在边际倾向递减规律下，中低收入人群的边际消费倾向较高，而高收入人群的边际消费倾向较低。我国个人所得税改革的主要目标在于降低中低收入人群税负，因而社会整体边际消费倾向会得到提高。

（2）劳动供给和创业的中介作用分析。

对于居民个体或者家庭来说，通过劳动或者创业获取收入是决定其消费行为的基础。当个人所得税改变了其劳动供给或者创业行为后，消费行为也会相应改变。因此，个人所得税改革会以居民劳动供给和创业行为为中介而间接影响工薪家庭的消费水平。

前文验证了个人所得税改革对于居民劳动供给行为的促进作用，主要是提高了居民的劳动参与率，对劳动时间无显著影响。当一个家庭的劳动参与率提高，劳动人数增加时，家庭的收入水平也会相应提高，消费支出也会增长。因此，本书认为家庭劳动供给的变化在个人所得税对居民消费的影响中存在部分中介效应。

个人所得税改革会提高居民家庭的创业概率，此亦在前文得到验证。而创业行为可能会对消费产生促进或者抑制效应。一方面，创业行为可能通过以下途径抑制居民消费。第一，创业需要付出较多的资源、资金，并面临着远高于受雇工作的风险，因而会抑制消费。当创业行为发生后，家庭的生活和消费状况可能发生显著变化。为了提供创业项目所需的资源，应对创业项目面临的风险，以及能够提供未来期间可能需要持续投入的资金，创业家庭可能会减少不必要的消费支出，甚至压缩部分生存型消费支出。第二，创业前期通常需要创业家庭付出较多的时间和精力，部分成员可能会离开原就业岗位，因此家庭的工资薪金收入也会降低，影响消费支出。另一方面，创业还可能通过提高居民家庭的收入水平而促进消费。虽然创业面临着比受雇工作更高的风险，但同时也可能获得更高的收入或者创业利润。当创业项目业绩较好时，居民家庭的消费水平也可能随之增加。因此，本书认为创业行为在个人所得税对居民消费的影响中同样存在部分中介效应。

6.2 个人所得税对居民消费影响的实证检验

6.2.1 研究设计

（1）模型设定。

参考刘利利和刘洪愧（2020）的做法，本部分采用双重差分模型（DID），将2011年个人所得税改革看作一项政策试验，以中国家庭金融调查（CHFS）2011年和2013年的面板数据为样本，就个人所得税改革对居民家庭消费行为的影响进行实证检验。模型设定如下：

$$\text{Consumption}_{it} = \beta_0 + \beta_1 \text{Treat}_{d_i} \times \text{Post}_{it} + \beta_2 X_{it} + \gamma_i + \lambda_t + \varepsilon_{it} \quad (6.1)$$

$$\text{Consumption}_{it} = \beta_0 + \beta_1 \text{Treat}_{c_i} \times \text{Post}_{it} + \beta_2 X_{it} + \gamma_i + \lambda_t + \varepsilon_{it} \quad (6.2)$$

其中，下标 i、t 分别代表家庭 i 和 t 年。Consumption_{it} 表示家庭 i 在 t 年的消费支出；$\text{Treat\_d} \times \text{Post}$ 和 $\text{Treat\_c} \times \text{Post}$ 分别为税收冲击虚

拟变量、税收冲击连续变量与个人所得税改革时间的交互项，其系数代表了个人所得税改革对居民家庭消费支出的影响；X代表了一系列影响居民家庭创业决策的控制变量，包括户主的受教育程度、年龄、性别、政治面貌、婚姻状况等户主特征变量，家庭收入、家庭金融资产、家庭人均受教育年限、住房市值、家庭规模、家庭儿童比例、家庭老人比例、家庭转移支出、家庭转移收入等家庭特征变量。γ_i为家庭固定效应，λ_t为年份固定效应，ε_{it}为随机误差项。

（2）变量选择与定义。

本部分的被解释变量为家庭消费支出，具体定义如下。

家庭消费支出（Consumption）：居民家庭的食品、居住、衣着、日常用品、教育支出、娱乐支出、交通通信支出等各项消费支出之和。根据中国家庭金融调查问卷中"消费性支出"相关问题的回答汇总而得。

参考张翼（2016）、黄梦琪和金钟范（2022）等文献的做法，本章进一步将家庭消费支出区分为生存型消费支出和发展享受型消费支出。其中，生存型消费支出包括食品、居住、衣着、日常用品、医疗等，发展享受型消费支出包括家庭的教育支出、娱乐支出、交通通信支出、保健服务支出等。此外，本章还根据我国2011～2013年的CPI变化情况对各项消费支出进行了平减处理。

本部分的核心解释变量为个人所得税改革冲击变量（Treat_d）、个人所得税税额减免变量（Treat_c）与时间变量（Post）的交互项，即个人所得税改革冲击×时间（Treat_d×Post）和个人所得税税额减免×时间（Treat_c×Post）。

其中，时间变量（Post）为虚拟变量，个人所得税改革以前的2011年取值为0；个人所得税改革以后的2013年为1。

个人所得税改革冲击变量（Treat_d）和个人所得税税额减免变量（Treat_c）为处理变量。Treat_d为家庭是否受到个人所得税改革冲击的虚拟变量，如果某家庭在新税制下的应纳税额小于旧税制下的应纳税额，即该家庭受到了个人所得税改革冲击，则 Treat_d 取值为 1；如果某家庭在新税制下的应纳税额等于旧税制下的应纳税额，则 Treat_d 取值为 0。Treat_c 为家庭受到税收冲击的连续变量，其值为家庭在 2011 年个人所得税改革后的应纳税额减少额。

计算家庭受到的个人所得税改革冲击时，首先根据家庭成员的税后收入推算税前收入，并根据税前收入计算新旧税制下的应纳税额，然后求差。在求得家庭成员的税收冲击的基础上，将家庭内所有成员的税收冲击求和，进而得到家庭税收冲击。需要说明的是，对于家庭成员受到的个人所得税改革冲击的衡量，存在两种选择。一是以个人所得税改革前的 2011 年调查数据为基础进行计算，二是以个人所得税改革后的 2013 年调查数据为基础进行计算。前者得到的税收冲击更具外生性，后者得到的税收冲击更接近改革后居民家庭的真实状况。本章采用了第二种计算方法。

本章在双重差分模型中加入了一系列可能影响家庭消费行为且随时间变化的因素，具体如下。

家庭工薪收入：家庭成员因受雇而取得工资、薪金收入之和。

家庭金融资产：根据 CHFS 调查问卷中家庭拥有的活期存款、定期存款、股票、债券、基金以及期货、权证等金融衍生品的数额，通过汇总而得到家庭金融资产总额。

家庭风险规避程度：根据 CHFS 问卷中的问题"如果您有一笔资产，您愿意选择哪种投资项目？"确定家庭风险规避程度。该指标将风险规避程度划分为五个等级，数值越大，代表受访者及家庭风险规避程度越高。

受教育程度：本章仍将居民家庭的平均受教育年限和户主的受教育年限纳入模型。具体来说，根据调查问卷中的问题"家庭成员的文化程度"，按照"小学"6 年、"初中"3 年、"高中"3 年、"大专/高职"3 年、"本科"4 年、"硕士研究生"3 年、"博士研究生"3 年的标准进行折算。

家庭规模：家庭人口数，根据问题"您家共有几位家庭成员？"来确定。

家庭儿童比例：年龄在 14 岁及以下的家庭成员数量与家庭人口的比值。

家庭老人比例：年龄在 65 岁及以上的家庭成员数量与家庭人口的比值。

住房市值：根据 CHFS 问卷中的问题"目前，这所房子值多少钱？"而得。根据生命周期假设和持久收入理论的观点，消费不仅取决于收入，还会受到财产的影响（张大永和曹红，2012）。是否拥有自有住房以及房产价值对家庭消费会有显著影响，因此本部分将是否拥有自有住房纳入回归模型。

住房负债：因购买住房而发生的银行贷款以及其他渠道的借款金额之和。

家庭转移支出：家庭向非家庭成员支付的生活费、节假日红包、医疗费用等。根据 CHFS 问卷中的"转移性支出"部分问题及回答汇总得到。

家庭转移收入：家庭收到的特困户补助金、独生子女奖励金、五保户补助金、抚恤金、救济金、赈灾款、食物补贴等各项政府补贴以及从非家庭成员处收到的生活费、节假日红包等。根据 CHFS 问卷中的"转移性收入"部分问题及回答汇总得到。

除上述变量外，本章还考虑了家庭的户籍类型，户主的性别、年龄、政治面貌、婚姻状态等因素。

（3）样本选取与数据来源。

本章仍旧采用 CHFS 2011 年基线调查和 2013 年追踪调查的数据为样本，检验了 2011 年个人所得税改革对居民家庭消费行为的影响。

CHFS 2011 年基线调查和 2013 年追踪调查分别在 2011 年和 2013 年的 7 月至 8 月完成。CHFS 2011 年数据的调查期间均位于 2011 年个人所得税改革之前，而 CHFS 2013 年数据的调查期间则均在 2011

年个人所得税改革之后。因此这两期的数据为研究 2011 年 9 月进行的个人所得税改革提供了良好的时间窗口。

由于需要使用面板数据，利用双重差分模型对居民家庭的消费行为进行实证检验，因此本部分按照如下标准对样本数据进行了筛选与处理：仅保留在 2011 年和 2013 年调查中均采集了数据的家庭样本；剔除家庭消费支出、工资薪金收入或者家庭金融资产等关键指标数据缺失的样本；剔除个人所得税改革以后家庭税负增加的样本；删除关键指标异常的家庭；为避免极端数值的影响，对居民家庭的工资薪金收入、金融资产、家庭转移支出、家庭转移收入等指标进行了 1% 的缩尾处理。在经过上述筛选与处理之后，最终得到 3674 户家庭，共7348 个家庭 – 年度观察值。

（4）描述性统计。

本章仍使用 Stata 17.0 对样本数据的主要变量进行了描述性统计，并进行实证分析。

表 6 – 1 报告了主要变量的描述性统计结果。总消费支出的平均值为 35664.811，标准差为 71123.125，不同家庭间的消费支出差距较大。生存型和发展享受型消费支出的均值分别为 24731.331 和10933.479，说明我国居民的消费支出中生存型消费占比更高。

表 6 – 1　　　　　　　　　　主要变量描述性统计

变量	N	Mean	SD	Min	Max
总消费支出	7348	35664.811	71123.125	156	3667375
生存型消费支出	7348	24731.331	27252.683	91	552677
发展享受型消费支出	7348	10933.479	62675.043	0	3650774
个人所得税改革冲击	7348	0.352	0.478	0	1
个人所得税税额减免	7348	793.725	1821.485	0	17547.214
时间	7348	0.5	0.5	0	1
户口类型	7189	0.455	0.498	0	1
工薪收入	7348	23411.966	43339.238	0	604999.893

变量	N	Mean	SD	Min	Max
家庭金融资产	7348	40325.524	128885.058	0	4204000
家庭人均受教育年限	7315	8.957	3.839	0	22
家庭规模	7348	3.424	1.638	1	17
自有住房	7348	0.910	0.287	0	1
住房市值	7348	218939.813	587441.767	0	8400000
住房负债	7348	13123.061	67777.497	0	1600000
家庭风险规避程度	7281	4.026	1.305	1	5
家庭转移支出	7348	4375.806	10702.220	0	472000
家庭转移收入	7348	2233.787	9046.157	0	270000
家庭儿童比例	7348	0.104	0.151	0	0.833
家庭老人比例	7348	0.193	0.334	0	1
户主年龄	7348	53.308	14.108	16	113
户主受教育年限	7315	9.058	4.237	0	22
户主性别	7348	0.741	0.438	0	1
户主政治面貌	7227	0.201	0.401	0	1
户主婚姻状况	7305	0.860	0.347	0	1

个人所得税改革冲击的均值为 0.352，说明在 3674 个样本家庭中，有 35.2% 的家庭受到个人所得税改革的冲击。个人所得税税额减免的平均值为 793.725，标准差为 1821.485，最大值和最小值分别为 17547.214 和 0，表明所有样本家庭因个人所得税改革而获得的平均减税额为 793.725 元，减税收益最大的家庭因个人所得税改革获得减税额为 17547.214 元。

6.2.2　个人所得税对居民消费影响的实证结果

（1）基准回归结果。

表 6-2 报告了利用式（6.1）和式（6.2），以居民家庭为样本就

个人所得税改革对家庭总消费支出影响的回归结果。前两列是以个人所得税改革冲击虚拟变量和时间的交互项（Treat_d × Post）为核心解释变量，后两列以个人所得税税额减免和时间的交互项（Treat_c × Post）为核心解释变量。

表 6 - 2　　　　个人所得税改革与居民家庭消费支出回归结果

解释变量	（1）	（2）	（3）	（4）
	总消费支出	总消费支出	总消费支出	总消费支出
个人所得税改革冲击 × 时间（Treat_d × Post）	5219.4044 *** (1457.8579)	3044.0765 * (1664.5679)		
个人所得税税额减免 × 时间（Treat_c × Post）			1.8833 *** (0.4624)	1.6648 *** (0.5850)
家庭人均受教育年限		77.458 (382.1395)		124.4506 (379.8935)
家庭金融资产		0.0384 *** (0.0112)		0.0358 *** (0.0111)
家庭规模		2210.6168 *** (483.8873)		2200.7300 *** (482.6487)
住房市值		0.0034 ** (0.0014)		0.0039 *** (0.0014)
住房负债		0.0328 ** (0.0128)		0.0329 *** (0.0125)
家庭风险规避程度		- 1097.3425 ** (408.3961)		- 1095.5623 *** (407.4004)
工薪收入		0.0361 (0.0276)		0.011 (0.0306)
家庭转移支出		0.2083 ** (0.0941)		0.2071 ** (0.0944)
家庭转移收入		0.3537 *** (0.1348)		0.3437 ** (0.1345)

续表

解释变量	（1）	（2）	（3）	（4）
	总消费支出	总消费支出	总消费支出	总消费支出
家庭儿童比例		−6702.4235 （4981.8042）		−6510.1359 （4968.3825）
家庭老人比例		−1048.5421 （2774.0232）		−1004.2194 （2765.4756）
户主年龄		−211.8338 ** （90.2762）		−217.3744 ** （89.8298）
户主受教育年限		294.6976 （316.6826）		302.2747 （314.9389）
户口类型		76.3585 （2773.0211）		25.651 （2764.9320）
户主性别		−2213.0314 （1801.4507）		−2147.6574 （1797.3711）
户主政治面貌		−1361.405 （2702.1251）		−1309.4215 （2688.9652）
户主婚姻状况		8165.4830 *** （2199.3340）		7872.6380 *** （2180.2004）
常数项	29649.9041 *** （314.5156）	24517.2432 *** （6755.5023）	29649.9041 *** （313.9140）	24808.2179 *** （6741.6947）
控制变量	否	是	否	是
家庭固定效应	是	是	是	是
时间固定效应	是	是	是	是
样本量	7348	7026	7348	7026
R – squared	0.0349	0.0893	0.0386	0.0923

注：括号内为稳健标准误；＊、＊＊、＊＊＊分别表示在10%、5%、1%水平上显著。

其中，表6-2列（1）和列（3）为控制了家庭固定效应和时间固定效应，但未加入控制变量的初步估计结果，个人所得税改革冲击与时间的交互项（Treat_d × Post）、税额减免与时间的交互项（Treat_c × Post）的估计系数均在 1% 的水平上显著为正，这说明个人所得税改革促进了家庭的消费支出。

表 6-2 列（2）和列（4）在前述回归的基础上进一步加入了家庭金融资产、工薪收入、家庭规模、住房市值、家庭风险规避程度、家庭转移支出等控制变量。回归结果显示，解释变量的估计系数分别在 10% 和 1% 的水平上显著为正。个人所得税改革使得实验组家庭的总消费支出比对照组平均增加了 3044 元，且税额减免程度越大，消费支出增加额度越大，税额减免的边际消费倾向为 1.66。

（2）基于消费类型的分组回归结果。

表 6-3 报告了将消费支出区分为生存型消费支出和发展享受型消费支出后的回归结果。其中列（1）和列（3）的被解释变量为生存型消费支出，列（2）和列（4）的被解释变量为发展享受型消费支出。

表 6-3　个人所得税改革与居民家庭消费支出回归结果（区分消费类型）

变量名称	（1）	（2）	（3）	（4）
	生存型消费支出	发展享受型消费支出	生存型消费支出	发展享受型消费支出
个人所得税改革冲击 × 时间（Treat_d × Post）	1952.3839 * (1170.1339)	1173.1041 (919.0415)		
个人所得税税额减免 × 时间（Treat_c × Post）			0.9610 ** (0.4151)	0.8431 ** (0.3558)
家庭人均受教育年限	-298.5778 (254.9772)	436.7581 ** (203.3198)	-271.2826 (252.5109)	460.2378 ** (202.7996)
家庭金融资产	0.0189 ** (0.0075)	0.0208 *** (0.0063)	0.0174 ** (0.0075)	0.0194 *** (0.0062)
家庭规模	1484.8623 *** (330.4969)	586.4561 ** (247.1178)	1479.7048 *** (329.6957)	580.4116 ** (246.7562)

续表

变量名称	（1）生存型消费支出	（2）发展享受型消费支出	（3）生存型消费支出	（4）发展享受型消费支出
住房市值	0.0028 *** （0.0008）	0 （0.0009）	0.0030 *** （0.0008）	0.0003 （0.0009）
住房负债	0.0282 *** （0.0079）	0.0073 （0.0083）	0.0282 *** （0.0077）	0.0074 （0.0082）
家庭风险规避程度	− 466.4744 （294.1920）	− 519.1712 ** （203.1325）	− 464.5749 （293.3363）	− 519.9157 ** （202.9602）
工薪收入	0.0319 * （0.0181）	0.011 （0.0155）	0.0188 （0.0203）	− 0.0043 （0.0171）
家庭转移支出	0.1735 *** （0.0613）	0.0727 （0.0532）	0.1724 *** （0.0613）	0.0729 （0.0533）
家庭转移收入	0.2195 ** （0.0988）	0.1373 ** （0.0582）	0.2137 ** （0.0986）	0.1321 ** （0.0578）
家庭儿童比例	− 2037.4986 （3458.9478）	− 4579.1809 （2824.8099）	− 1925.5322 （3456.6851）	− 4483.6299 （2815.3144）
家庭老人比例	555.7522 （1726.4682）	− 292.9833 （1524.6848）	562.9993 （1714.4067）	− 235.9175 （1524.9878）
户主年龄	− 104.3871 * （56.7095）	− 114.9090 ** （49.4596）	− 107.1164 * （56.4603）	− 118.6002 ** （49.1792）
户主受教育年限	253.1133 （229.5588）	23.5606 （135.1035）	258.1608 （228.2710）	26.1261 （134.2994）
户口类型	1772.6193 （1859.7026）	− 1249.327 （1335.8809）	1748.049 （1852.3425）	− 1283.8806 （1335.9555）
户主性别	− 1490.1091 （1204.9990）	− 532.0432 （1001.3997）	− 1453.044 （1202.0948）	− 497.6674 （1000.0296）
户主政治面貌	390.9661 （1852.1948）	− 1563.4243 （1334.1330）	427.3975 （1840.6734）	− 1549.226 （1332.8833）

续表

变量名称	（1）生存型消费支出	（2）发展享受型消费支出	（3）生存型消费支出	（4）发展享受型消费支出
户主婚姻状况	5292.6792 ***（1404.7292）	2399.9254 **（1200.7408）	5124.1871 ***（1385.8879）	2250.5781 *（1199.5299）
常数项	15149.1902 ***（4179.8850）	8598.8475 **（3663.5885）	15266.6660 ***（4170.1456）	8841.5210 **（3654.5298）
控制变量	是	是	是	是
家庭固定效应	是	是	是	是
时间固定效应	是	是	是	是
样本量	7026	7026	7026	7026
R - squared	0.0964	0.0365	0.0982	0.0398

注：括号内为稳健标准误；* 、** 、*** 分别表示在 10% 、5% 、1% 水平上显著。

表 6 - 3 列（1）和列（2）以个人所得税改革冲击与时间的交互项（Treat_d × Post）为解释变量，回归结果显示在以生存型消费支出和发展享受型消费支出为被解释变量的回归中，估计系数分别为 1952.4 和 1173.1，前者在 10% 的水平上显著，后者不显著。这说明个人所得税改革显著增加了处理组家庭生存型消费支出，对发展享受型消费支出的影响较弱，个人所得税改革对不同类型的家庭消费支出的促进作用不同。表 6 - 3 列（3）和列（4）以个人所得税税额减免与时间的交互项（Treat_c × Post）为解释变量。结果显示交互项对两类消费支出的影响均在 5% 的水平上显著为正，系数估计值分别为 0.9610 和 0.8431。仅从估计系数来看，处理组家庭对生存型支出的消费倾向稍大。

（3）稳健性检验。

为保证研究结果的稳健性，本章进行了包括样本匹配、限制样本回归、调整被解释变量等在内的多项稳健性检验。

首先，限制样本回归。居民收入是决定消费行为的最根本因素，高收入人群的消费行为可能表现出与中低收入人群不同的特征。参考张大永和曹红（2012）的做法，本部分剔除了收入最高的5%的家庭样本。同时，考虑到家庭金融资产对消费同样具有显著的影响，因此，本部分还剔除了拥有金融资产最高的5%的家庭。此外，本部分还剔除了消费支出水平最高和最低的5%的家庭样本，以排除极端消费特征家庭的影响。

表6-4列示了限制样本回归的结果。可以看到，在排除了高收入、高金融资产、最高和最低消费水平的样本后，个人所得税改革仍旧显著提高了实验组的消费支出。

表6-4 限制样本回归结果

解释变量	被解释变量：总消费支出			
	剔除总消费支出最高及最低5%家庭		剔除收入及金融资产最高5%家庭	
	（1）	（2）	（3）	（4）
个人所得税改革冲击×时间（Treat_d×Post）	1629.5469 * （862.1975）		5500.8128 ** （2353.9747）	
个人所得税税额减免×时间（Treat_c×Post）		0.5144 * （0.2943）		2.8594 * （1.5340）
常数项	24740.9949 *** （3973.1728）	24782.4684 *** （3956.3413）	27355.8734 *** （8314.5641）	27061.5391 ** （8347.1533）
控制变量	是	是	是	是
家庭固定效应	是	是	是	是
时间固定效应	是	是	是	是
样本量	6450	6450	6530	6530
R-squared	0.1543	0.1542	0.0460	0.0463

注：括号内为稳健标准误；*、**、*** 分别表示在10%、5%、1%水平上显著。

其次，调整被解释变量的度量方法。在居民的各类消费支出中，耐用品支出和教育支出的特征差异较大。比如，彩电、洗衣机等耐用品的使用周期较长，购置消费频率低，而教育支出对于很多家庭则具有一定的刚性。因此，本部分还通过排除耐用品支出和教育支出的方法进行了稳健性检验，结果如表 6 - 5 和表 6 - 6 所示。表 6 - 5 和表 6 - 6 的列（1）至列（3）分别列示了以不含耐用品支出、不含教育支出以及同时不含耐用品支出和教育支出的家庭消费支出为被解释变量的估计结果。在三种不同情形下，个人所得税改革均显著促进了实验组家庭的消费支出。

表 6 - 5　　　　　调整被解释变量后的回归结果（个人所得税冲击）

变量名称	（1）消费支出（不含耐用品支出）	（2）消费支出（不含教育支出）	（3）消费支出（不含耐用品支出和教育支出）
个人所得税改革冲击 × 时间（Treat_d × Post）	2800. 5889 * （1535. 6218）	2610. 0154 * （1548. 5389）	2529. 1958 * （1477. 3994）
常数项	24241. 1035 *** （6349. 9472）	22939. 2312 *** （6146. 3027）	22731. 0977 *** （5965. 6001）
控制变量	是	是	是
家庭固定效应	是	是	是
时间固定效应	是	是	是
样本量	7026	7026	7026
R - squared	0.0892	0.0843	0.0811

注：括号内为稳健标准误；*、*** 分别表示在 10%、1% 水平上显著。

表 6 - 6　　　　　调整被解释变量后的回归结果（税额减免）

变量名称	（1）消费支出（不含耐用品支出）	（2）消费支出（不含教育支出）	（3）消费支出（不含耐用品支出和教育支出）
个人所得税税额减免 × 时间（Treat_c × Post）	1. 4713 *** （0. 5338）	1. 2948 ** （0. 5034）	1. 2610 ** （0. 4881）

变量名称	（1）消费支出（不含耐用品支出）	（2）消费支出（不含教育支出）	（3）消费支出（不含耐用品支出和教育支出）
常数项	24469. 7075 *** （6340. 987）	23102. 7776 *** （6135. 2214）	22893. 6560 *** （5956. 2511）
控制变量	是	是	是
家庭固定效应	是	是	是
时间固定效应	是	是	是
样本量	7026	7026	7026
R – squared	0.0917	0.0863	0.0831

注：括号内为稳健标准误；** 、*** 分别表示在5%、1%水平上显著。

此外，本部分还参考黄梦琪和金钟范（2022）的做法，剔除了户主受教育年限低于0和高于16的样本，回归结果仍然显著。

最后，本部分还通过倾向得分匹配（PSM）进行了稳健性检验。本章实验组与对照组的区分决定于家庭是否受到个人所得税改革的冲击，而工资薪金收入水平是决定个人所得税改革冲击的最关键因素，因而实验组与对照组的收入水平可能存在差距。更进一步说，实验组与对照组家庭的工薪收入、受教育程度、家庭资产等方面可能存在差异，使得两组样本的消费支出本就呈现不同特征。基于此，本部分采用了倾向得分匹配的方法，对样本进行了筛选。参考已有文献以及 R^2 最大原则，以家庭消费支出为结果变量，以家庭工薪收入、家庭金融资产、家庭人口、住房市值、家庭风险规避程度等为协变量，依据平衡性检验、协变量均值是否存在显著差异，采用卡尺内1:3最近邻匹配的方法，为每个实验组家庭挑选出与其相似的对照组家庭。以 PSM 处理后的家庭为样本，再次使用式（6.1）和式（6.2）进行回归分析。

根据罗森鲍姆和鲁宾（Rosenbaum and Rubin，1983）的研究，

倾向得分匹配后的协变量标准偏差绝对值小于 20%，可达到匹配效果。表 6-7 汇报了对样本进行卡尺内 1∶3 最近邻匹配后的结果。可以看到，实验组和控制组在匹配后各协变量的标准偏差均显著降低，且均低于 20%。在诸多协变量中，仅有户主婚姻状况在实验组和对照组之间存在一定的差异，但标准偏误仅为 6.8%。除了户主婚姻状况外，实验组和处理组样本在家庭工薪收入、金融资产、家庭规模、人均受教育年限、住房市值、家庭转移支出、家庭转移收入、家庭儿童比例、老人比例、户主年龄、受教育年限、性别、政治面貌等方面特征变得较为接近，均无显著差异，匹配效果较好。

表 6-7　　　　　　　　　倾向得分匹配结果

变量	样本	平均值		标准偏误（%）	标准偏误减少（%）	t - test	
		处理组	控制组			t 值	p > |t|
工薪收入	匹配前	30758	6312.8	73.9	99.4	23.14	0.000
	匹配后	29706	29842	-0.4		-0.08	0.935
家庭金融资产	匹配前	51662	27201	19.2	63.2	5.55	0.000
	匹配后	51409	60412	-7.1		-1.29	0.197
家庭人均受教育年限	匹配前	10.762	7.8586	80.4	98.4	22.92	0.000
	匹配后	10.715	10.667	1.3		0.33	0.742
家庭规模	匹配前	3.5075	3.3096	12.8	67.9	3.58	0.000
	匹配后	3.5096	3.5732	-4.1		-1.07	0.286
住房市值	匹配前	540000	270000	37.2	83.0	11.25	0.000
	匹配后	540000	580000	-6.0		-1.20	0.232
住房负债	匹配前	34801	10873	30.9	99.5	9.91	0.000
	匹配后	34708	34835	-0.2		-0.03	0.975
家庭风险规避程度	匹配前	3.711	4.2178	-37.5	92.1	-10.72	0.000
	匹配后	3.7138	3.674	2.9		0.70	0.482
家庭转移支出	匹配前	6896.8	4404.3	19.2	80.6	5.44	0.000
	匹配后	6893.5	7376.8	-3.7		-0.79	0.428

续表

变量	样本	平均值		标准偏误（%）	标准偏误减少（%）	t - test	
		处理组	控制组			t 值	p > |t|
家庭转移收入	匹配前	2940.8	2024.6	8.7	34.4	2.63	0.009
	匹配后	2869.2	2268.5	5.7		1.39	0.165
家庭儿童比例	匹配前	0.12923	0.09274	23.8	90.4	6.87	0.000
	匹配后	0.12867	0.12515	2.3		0.55	0.580
家庭老人比例	匹配前	0.07238	0.24467	− 58.3	93.4	− 15.39	0.000
	匹配后	0.07297	0.08429	− 3.8		− 1.38	0.167
户主年龄	匹配前	45.5	55.917	− 79.9	97.7	− 22.53	0.000
	匹配后	45.63	45.395	1.8		0.47	0.641
户主受教育年限	匹配前	10.922	8.0556	71.8	99.8	20.60	0.000
	匹配后	10.875	10.869	0.2		0.04	0.967
户口类型	匹配前	0.59857	0.41268	37.8	91.8	10.81	0.000
	匹配后	0.59405	0.60932	− 3.1		− 0.78	0.437
户主性别	匹配前	0.72605	0.74084	− 3.3	35.7	− 0.96	0.338
	匹配后	0.72508	0.71557	2.2		0.53	0.597
户主政治面貌	匹配前	0.25416	0.15912	23.6	95.2	6.94	0.000
	匹配后	0.24759	0.25214	− 1.1		− 0.26	0.793
户主婚姻状况	匹配前	0.88915	0.8426	13.7	50.2	3.83	0.000
	匹配后	0.88826	0.86509	6.8		1.76	0.079

图6-1更加直观地呈现了样本匹配前后两组样本在各项家庭特征及户主特征方面的差异情况，匹配后的样本的各项协变量的标准偏误均接近于0。

由于匹配后的实验组与对照组样本的家庭与户主特征均无显著性差异，因而基于匹配后样本的回归结果将更加接近真实状况。仍旧采用双重差分模型，回归结果如表6-8所示。其中，列（1）至列（3）以个人所得税改革冲击与时间的交互项为解释变量，列（4）至列（6）以个人所得税税额减免与时间的交互项为解释变量。表6-8列（1）

结果显示，交互项"个人所得税改革冲击×时间（Treat_d×Post）"对家庭总消费支出影响的回归系数为正，但并不显著。列（2）显示，交互项"个人所得税改革冲击×时间（Treat_d×Post）"对生存型消费支出的回归系数在 10% 的水平上显著为正，说明个人所得税改革使得实验组家庭的生存型消费支出比对照组家庭平均增加了 2929.8 元。列（3）和列（6）均以发展享受型消费支出为被解释变量，两项交互项"个人所得税改革冲击×时间（Treat_d×Post）"和"个人所得税税额减免×时间（Treat_c×Post）"的影响均不显著。列（4）、列（5）结果表明，个人所得税改革带来的减税收益对总消费支出和生存型消费支出的边际倾向平均为 1.78 和 1.17。

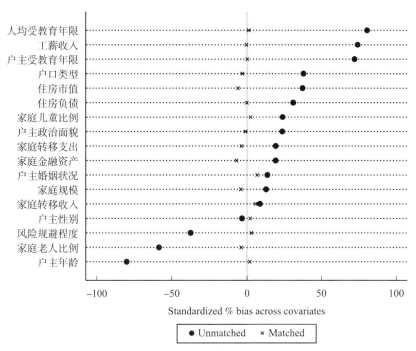

图 6-1　样本匹配前后标准偏误情况（消费）

表 6 - 8　　　　　　　　　PSM 后的样本回归结果

变量名称	(1) 总消费支出	(2) 生存型消费支出	(3) 发展享受型消费支出	(4) 总消费支出	(5) 生存型消费支出	(6) 发展享受型消费支出
个人所得税改革冲击 × 时间 (Treat_d × Post)	2459.327 (2331.0964)	2929.7934 * (1717.9861)	-470.4664 (1385.5335)			
个人所得税额减免 × 时间 (Treat_c × Post)				1.7860 ** (0.8414)	1.1686 ** (0.5190)	0.6174 (0.5453)
常数项	38071.8038 *** (12419.9171)	18835.0809 ** (7264.4182)	19236.7228 ** (8577.2897)	38648.1951 *** (12391.2268)	18854.7731 ** (7279.0199)	19793.4220 ** (8533.4754)
控制变量	是	是	是	是	是	是
家庭固定效应	是	是	是	是	是	是
时间固定效应	是	是	是	是	是	是
样本量	4342	4342	4342	4342	4342	4342
R - squared	0.0755	0.0643	0.0424	0.0777	0.0651	0.0433

注：括号内为稳健标准误；*、**、*** 分别表示在 10%、5%、1% 水平上显著。

（4）异质性分析。

不同地区的经济发展水平、物价水平、消费习惯等方面存在一定的差异，因此有必要对个人所得税改革的消费效应进行地区异质性分析。按照现有文献的普遍做法，本章根据样本家庭所在省份，将其分为东部、中部、西部三组样本①，分别对不同地区家庭的总消费支出、生存型消费支出和发展享受型消费支出进行回归分析，结果如表 6－9 所示。Panel A 汇报了以总消费支出为被解释变量的回归结果，个人所得税冲击和税额减免对东部地区居民消费支出的回归系数均为正，分别在 5% 和 1% 的水平上显著。而在中部、西部地区样本的回归中，个人所得税冲击和税额减免对消费均无显著促进效应。Panel B 汇报了以生存型消费支出为被解释变量的回归结果，个人所得税冲击和税额减免依然只对东部地区居民消费产生了刺激效果。Panel C 汇报了以发展享受型消费为被解释变量的回归结果，个人所得税冲击对东、中、西部地区的居民均无显著激励效应，税额减免仅对东部地区居民消费存在显著的影响，对中西部地区则无显著影响。这说明，个人所得税改革主要刺激了东部地区居民的消费需求。其原因可能在于东部地区经济和社会发展程度较高，社会保障水平、就业机会均高于中、西部地区，因而东部地区居民的预防性储蓄动机更弱，更愿意将减税收益用于消费支出。

参考张大永和曹红（2012）的做法，按照户主年龄将样本家庭分为 20～35 岁、36～50 岁和 51～65 岁三组，分别进行回归分析，结果如表 6－10 所示。通过比较发现，个人所得税改革对户主年龄在 36～50 岁之间的家庭的消费行为影响较为显著，对其他年龄组则无显著影响。其原因在于户主年龄位于 36～50 岁的家庭，收入和工作较为稳定，既不会像青年家庭面临择业和未来发展的不确定性，也不会像老年家庭面临着退休带来的预期收入的降低。

———————

① 东部地区包括北京市、天津市、河北省、辽宁省、上海市、江苏省、浙江省、福建省、山东省、广东省、海南省；中部地区包括山西省、吉林省、黑龙江省、安徽省、江西省、河南省、湖北省、湖南省；西部地区包括内蒙古自治区、广西壮族自治区、重庆市、四川省、贵州省、云南省、陕西省、甘肃省、青海省以及宁夏、新疆维吾尔自治区。

表6-9　个人所得税改革对不同地区居民消费支出的影响

变量名称	(1) 东部	(2) 中部	(3) 西部	(4) 东部	(5) 中部	(6) 西部
Panel A：以总消费支出为被解释变量						
个人所得税改革冲击 × 时间（Treat_d × Post）	5530.9074 ** (2414.9482)	-11.5109 (3081.3499)	2987.0192 (4775.2418)			
个人所得税额减免 × 时间（Treat_c × Post）				2.2166 *** (0.6980)	-1.6454 (1.6162)	-1.0786 (1.3942)
R – squared	0.1009	0.1186	0.0694	0.1068	0.1203	0.0697
Panel B：以生存型消费支出为被解释变量						
个人所得税改革冲击 × 时间（Treat_d × Post）	3957.1235 ** (1719.5655)	-730.2027 (2006.4177)	366.1377 (3985.5674)			
个人所得税额减免 × 时间（Treat_c × Post）				1.2810 *** (0.4824)	-1.3392 (1.0191)	-0.1488 (1.8831)
R – squared	0.1075	0.1145	0.0930	0.1105	0.1166	0.093
Panel C：以发展享受型消费支出为被解释变量						
个人所得税改革冲击 × 时间（Treat_d × Post）	1355.541 (1304.6794)	1349.1455 (1840.4022)	2180.588 (2625.4912)			

续表

变量名称	（1）	（2）	（3）	（4）	（5）	（6）
	东部	中部	西部	东部	中部	西部
	Panel C：以发展享受型消费支出为被解释变量					
个人所得税税额减免 ×时间（Treat_c × Post）				1. 1074 ***（0. 3994）	− 0. 224（0. 9863）	− 0. 5263（1. 4522）
R – squared	0. 0396	0. 0643	0. 0407	0. 0471	0. 0636	0. 0398
控制变量	是	是	是	是	是	是
家庭固定效应	是	是	是	是	是	是
时间固定效应	是	是	是	是	是	是
样本量	3330	2378	1318	3330	2378	1318

注：括号内为稳健标准误；**，*** 分别表示在 5%，1% 水平上显著。

表6-10　个人所得税改革消费效应的异质性分析（户主年龄）

变量名称	(1) 20~35岁	(2) 36~50岁	(3) 51~65岁	(4) 20~35岁	(5) 36~50岁	(6) 51~65岁
Panel A: 以总消费支出为被解释变量						
个人所得税改革冲击×时间（Treat_d × Post）	5340.4628 (6550.8033)	4611.7662* (2650.6402)	-3945.4778 (3939.0263)			
个人所得税额减免×时间（Treat_c × Post）				0.2009 (1.7034)	1.495* (0.8333)	-1.0443 (1.7822)
R-squared	0.2784	0.1344	0.0831	0.2766	0.1354	0.0826
Panel B: 以生存型消费支出为被解释变量						
个人所得税改革冲击×时间（Treat_d × Post）	5173.8491 (5012.6869)	2324.2364 (1940.6759)	-1255.752 (2634.2809)			
个人所得税额减免×时间（Treat_c × Post）				0.3048 (1.1813)	0.4018 (0.6349)	-0.0593 (1.0660)
R-squared	0.3165	0.1138	0.1010	0.3134	0.1225	0.1007
Panel C: 以发展享受型消费支出为被解释变量						
个人所得税改革冲击×时间（Treat_d × Post）	-845.887 (3017.5093)	2198.8181 (1572.6736)	-2172.161 (2265.6608)			

续表

变量名称	(1)	(2)	(3)	(4)	(5)	(6)
	20~35 岁	36~50 岁	51~65 岁	20~35 岁	36~50 岁	51~65 岁
			Panel C：以发展享受型消费支出为被解释变量			
个人所得税税额减免 × 时间（Treat_c × Post）				-0.3431 (0.7823)	1.3338** (0.6555)	-1.2195 (1.0370)
R - squared	0.1518	0.0618	0.0474	0.1524	0.0690	0.0505
控制变量	是	是	是	是	是	是
家庭固定效应	是	是	是	是	是	是
时间固定效应	是	是	是	是	是	是
样本量	724	2345	2366	724	2345	2366

注：括号内为稳健标准误；*、**分别表示在 10%、5% 水平上显著。

6.2.3 个人所得税通过劳动供给和创业影响消费的实证结果

前文理论分析部分提出，仅从居民个人或者家庭的视角来看，通过劳动或者创业获取收入是其消费的基础，因而我国个人所得税改革除了直接影响消费外，还会通过改变居民的劳动供给和创业行为，对居民消费产生间接的影响。为了进一步探寻劳动供给和创业作为间接路径的作用机制和效果，本部分采用三重差分模型进行了实证检验。

$$
\begin{aligned}
\text{Consumption}_{it} = {} & \beta_0 + \alpha_1 \text{Treat}_i \times \text{Post}_{it} \times \Delta\text{Labor}_i + \alpha_2 \text{Treat}_i \times \text{Post}_{it} \\
& + \alpha_3 \text{Post}_{it} \times \Delta\text{Labor}_i + \alpha_4 \text{Treat}_i \times \Delta\text{Labor}_i \\
& + \alpha_5 X_{it} + \gamma_i + \lambda_t + \varepsilon_{it}
\end{aligned} \tag{6.3}
$$

$$
\begin{aligned}
\text{Consumption}_{it} = {} & \beta_0 + \alpha_1 \text{Treat}_i \times \text{Post}_{it} \times \text{Entrepreneur}_i + \alpha_2 \text{Treat}_i \times \text{Post}_{it} \\
& + \alpha_3 \text{Post}_{it} \times \text{Entrepreneur}_i + \alpha_4 \text{Treat}_i \times \text{Entrepreneur}_i \\
& + \alpha_5 X_{it} + \gamma_i + \lambda_t + \varepsilon_{it}
\end{aligned} \tag{6.4}
$$

其中，Treat 为工薪家庭是否受到个人所得税改革冲击的虚拟变量，Post 为表示个人所得税改革前后期间的虚拟变量，ΔLabor 为工薪家庭的劳动参与人数变动情况，Entrepreneur 为表示家庭创业行为的虚拟变量。Treat $\times$ Post $\times$ ΔLabor 为个人所得税改革冲击、个人所得税改革时间与家庭劳动供给变动的三阶交互项；Treat $\times$ Post $\times$ Entrepreneur 为个人所得税改革冲击、个人所得税改革时间与家庭创业行为的三阶交互项。

（1）劳动供给变动对个人所得税的消费效应的影响。

个人所得税减税能够促进居民的劳动供给，当一个家庭的劳动参与人数增加时，家庭的收入和消费也可能提高。本部分将居民家庭的劳动参与人数变动情况（ΔLabor）纳入模型，与依据 2011 年收入推算的工资薪金的个人所得税改革冲击（Treat）、时间（Post）构成三重交互项，分别以居民家庭的消费总支出、生存型消费支出、发展享受型消费支出为被解释变量，检验劳动供给的变动对消费效应的影响。

表 6 - 11 的列（1）汇报了以总消费支出为被解释变量，加入了三阶交互项、二阶交互项，以及家庭收入、金融资产等控制变量，并控制了家庭固定效应和时间固定效应的估计结果。此时，在二阶交互项"个人所得税改革冲击×时间（Treat×Post）"的回归系数显著为正的基础上，三阶交互项"个人所得税改革冲击×时间×劳动供给变动（Treat×Post×ΔLabor）"的回归系数为 3312.0467，且在 10% 的水平是显著。这表明，关于工资薪金的个人所得税改革冲击显著提高了受影响家庭的消费支出，而劳动供给增加的家庭的消费支出增加幅度更大。该结果证实了本章提出的间接路径，即除直接影响家庭收入和消费外，个人所得税改革还通过促进劳动供给进一步提高居民的消费水平。

为了更加细致地考察家庭劳动供给变化导致的消费支出改变时，不同消费类型的差异，本部分仍旧将总消费支出区分为生存型消费支出和发展享受型消费支出，回归结果如表 6 - 11 的列（2）、列（3）所示。从列（2）可以看出，二阶交互项"个人所得税改革冲击×时间（Treat×Post）"对生存型消费支出的估计系数仍旧显著为正，与本章的双重差分估计结果接近。但三阶交互项"个人所得税改革冲击×时间×劳动供给变动（Treat×Post×ΔLabor）"对生存型消费支出估计系数并不显著，这说明家庭劳动人数的增加并没有进一步提高个人所得税减税对生存型消费的影响。从列（3）可以看出，二阶交互项"个人所得税改革冲击×时间（Treat×Post）"对发展享受型消费支出的估计系数为正，但不显著，与本章的双重差分估计结果接近。三阶交互项"个人所得税改革冲击×时间×劳动供给变动（Treat×Post×ΔLabor）"对发展消费型消费支出估计系数则在 5% 的水平上显著为正，这说明家庭劳动人数的增加显著提高了个人所得税减税背景下家庭的发展享受型消费支出。（2）列和（3）列的结果表明，家庭劳动供给人数的增加进一步提高了个人所得税减税的消费效应,但主要表现在发展消费型消费支出方面。家庭的生存型消费支出具有一定的刚性,当家庭中的某位成员转入就业状态后,食品、居住、日常用品、医疗等生存必需支出的增加幅度相对较小,因而实证结果并不显著。而发展享受型消费支出具有一定的柔性,当家庭就业和收入增加时,教育、娱乐、交通通信、保健服务等方面支出增加得会更加明显。

表6-11   劳动供给对个人所得税消费效应的影响

变量名称	(1)	(2)	(3)
	总消费支出	生存型消费支出	发展享受型消费支出
个人所得税改革冲击×时间×劳动供给变动(Treat × Post × ΔLabor)	3312.0467 * (1710.1059)	504.2423 (1176.7252)	2442.4851 ** (1159.4093)
个人所得税改革冲击×时间(Treat × Post)	3604.5730 ** (1544.9165)	2074.3441 * (1063.0582)	1541.8569 (1017.7582)
时间×劳动供给变动(Post × ΔLabor)	-431.0908 (723.3121)	183.2369 (497.7116)	-674.8924 (328.8334)
控制变量	是	是	是
家庭固定效应	是	是	是
时间固定效应	是	是	是
样本量	7051	7051	7027
R - squared	0.0945	0.1008	0.0444

注:括号内为稳健标准误; * 、 ** 分别表示在10% 、5%水平上显著。

(2) 创业行为对个人所得税的消费效应的影响。

前文的实证检验发现个人所得税税负的降低能够促进居民创业行为的发生。当居民选择创业后,其家庭的收入、支出、风险水平均会与以往不同。与未创业家庭相比,创业家庭的消费支出可能呈现不同的变化趋势。创业较为顺利和成功的家庭,消费支出水平可能提高,消费结构可能升级。创业之初或者创业项目经营状况欠佳的情况下,家庭的消费支出可能受到压缩。

　　本部分将家庭创业行为 Entrepreneur 纳入模型，与依据 2011 年收入推算的工薪薪金的个人所得税改革冲击 Treat、改革前后的时间虚拟变量 Post 构成三重交互项，以居民家庭的消费支出为被解释变量，检验创业行为对个人所得税的消费效应的影响。具体来说，首先将 2011 年已经处于创业状态的样本删除，仅保留从事受雇工作的样本。然后，将在 2011 年未创业而 2013 年已经开始创业的样本视为新增创业，并且创业行为的虚拟变量 Entrepreneur 取值为 1。对于 2011 年和 2013 年调查中均未创业的样本，Entrepreneur 取值为 0。

　　三重差分模型的估计结果如表 6 – 12 所示。表 6 – 12 列（1）汇报的是以家庭总消费支出为被解释变量的回归结果。二阶交互项"个人所得税改革冲击 × 时间（Treat × Post）"的回归系数在 5% 的水平显著为正，与前文双重差分模型的回归结果接近。但三阶交互项"个人所得税改革冲击 × 时间 × 创业行为（Treat × Post × Entrepreneur）"的回归系数为负，且在 10% 的水平上显著。这说明，与受到个人所得税改革冲击但未进行创业活动的家庭相比，受到个人所得税改革冲击且进行了创业的家庭的消费促进效应更低。从估计系数来看，创业家庭的消费支出增长额不仅低于受个人所得税改革冲击且未创业的家庭，还低于未受到个人所得税冲击并且未创业的家庭。列（2）汇报了以生存型消费支出为被解释变量的回归结果。可以看到，在二阶交互项显著为正的基础上，三阶交互项"个人所得税改革冲击 × 时间 × 创业行为（Treat × Post × Entrepreneur）"的回归系数显著为负。这说明，相对于受到个人所得税改革冲击但未进行创业活动的家庭，个人所得税减税的消费促进效应在创业家庭中明显更低。第（3）列汇报了以发展享受型消费支出为被解释变量的回归结果，三阶交互项的系数估计值为负，但并不显著。

表 6 – 12　　　　　　　　创业对个人所得税消费效应的影响

变量名称	（1）	（2）	（3）
	总消费支出	生存型消费支出	发展享受型消费支出
个人所得税改革冲击× 时间×创业行为 （Treat×Post×Entrepreneur）	– 9760. 6386 * （5635. 5900）	– 8232. 8593 ** （3946. 0176）	– 967. 4093 （4967. 6347）
个人所得税改革冲击× 时间（Treat×Post）	3454. 2665 ** （1625. 7337）	2199. 5707 * （1138. 3322）	1284. 5738 （1099. 3977）
时间×创业行为 （Post×Entrepreneur）	635. 2551 （3125. 2662）	3450. 0759 （2188. 2989）	– 3642. 5163 * （1960. 8756）
控制变量	是	是	是
家庭固定效应	是	是	是
时间固定效应	是	是	是
样本量	7629	7629	7629
R – squared	0. 0983	0. 1012	0. 0504

注：括号内为稳健标准误；＊、＊＊分别表示在10％、5％水平上显著。

6.3　本章小结

本章主要关注了个人所得税的消费效应。首先从理论上分析了个人所得税改革对居民家庭消费支出的影响，然后利用双重差分模型和CHFS 2011 年和2013 年数据进行了实证检验。为保证研究结论的稳健性，还进行了包括样本匹配，限制样本回归，改变被解释变量构建方法等多项稳健性检验。总体来说，本章的结论具有较强的稳健性。主要结论如下：

个人所得税改革显著促进了实验组样本的总消费支出和生存型消费支出，对发展享受型消费支出的影响并不显著。受到个人所得税改革冲击的家庭更多地将减税收益用于生活必需品的消费。减税收益的整体边际消费倾向为1.66，生存型商品或者服务的边际消费倾向为

0.96，发展享受型商品或者服务的边际消费倾向为 0.84。进一步的异质性分析还发现，个人所得税改革对工薪家庭的消费促进效应主要体现在东部地区以及户主年龄在 36～50 岁的家庭，对中、西部地区或者青年和老年家庭的影响则不显著。

　　个人所得税改革除直接影响居民的税后收入和消费水平外，还通过影响居民的劳动供给和创业行为而间接影响消费水平的提升。从居民自身视角来看，收入是决定消费的基础，劳动供给和创业行为的改变会进一步影响其消费行为。基于家庭劳动供给变动因素的三重差分模型估计结果显示，相对于受到个人所得税改革冲击但劳动供给未发生变化的家庭，个人所得税改革的消费促进作用在受到个人所得税改革冲击且劳动供给增加的家庭中更大。这证实了本书的观点，个人所得税以劳动供给为间接路径影响居民消费。基于创业因素的三重差分模型估计结果显示，相对于受到个人所得税改革冲击但未创业的家庭，创业的消费促进效应在受到个人所得税改革冲击并且进行创业的家庭中更低。这也证实了本书的观点，除直接影响居民收入和消费外，个人所得税还以创业为间接路径影响居民消费水平。并且在本书采用的样本中，创业行为对个人所得税的消费效应呈现为抑制特征。

第7章 优化居民行为效应的
个人所得税改革建议

前文的研究发现：作为与居民自身利益关系最为紧密的税种，个人所得税能够在调节、引导、激励居民行为方面发挥积极作用。我国的个人所得税改革显著提高了居民的劳动参与概率，但对劳动时间无显著影响。劳动所得税负的降低能够显著促进东部地区低收入家庭的创业行为，对东部地区高收入家庭以及中西部地区家庭无显著影响。个人所得税改革显著提高了居民家庭的总消费支出和生存型消费支出，对发展享受型消费支出的影响并不显著。个人所得税改革除直接影响居民的税后收入和消费水平外，还通过影响居民的劳动供给和创业行为而间接影响了消费水平。

结合本书研究结论，我国的经济社会发展现状以及个人所得税制度特征，本章提出了优化居民行为效应的个人所得税改革的原则、思路和具体建议。首先分析我国现行个人所得税制度对于税收公平与效率原则的体现，并从促进经济社会发展和协同于国家发展战略的角度做出了权衡；其次从逐步扩大综合征收范围，以家庭为单位进行纳税申报，以宽税基为导向扩大个人所得税覆盖范围等方面阐述了改革思路；最后提出了鼓励居民劳动供给、创业和消费的具体改革建议。

7.1 公平与效率原则的分析与权衡

税收原则是指税制建立的原则和指导思想，是一个国家在设计税收制度时应当遵循的基本准则，是判断税收制度是否合理的标准（吕冰洋和郭雨萌，2022）。公平与效率是税制设计中最为重要的一对原则。个人所得税的公平原则是指个人所得税的征收要使纳税人所承受的税收负担与其经济状况相适应，并使纳税人之间的税收负担保持平衡。公平原则又包括横向公平和纵向公平。横向公平是指相同纳税能力的人应缴纳相同的税收，要求税制的综合性；纵向公平是指纳税能力不同的人应缴纳不同的税收，要求税制的累进性。个人所得税是各税种中最能体现税收公平原则的税种（谢芬芳，2020）。各国都把个人所得税作为调节收入差距，实现社会公平的重要政策工具。我国现行的个人所得税税制对包括工资薪金、劳务报酬、稿酬、特许权使用费等在内的各项所得实行采用超额累进税率的综合征收，即体现了横向公平与纵向公平原则。但是，对于财产租赁、转让，利息、股息、红利等所得采用比例税率，导致资本所得与劳动所得之间的税负不公，则未能充分体现税收公平原则。个人所得税的效率原则指个人所得税制度的设计应尽量降低税收成本与纳税人的超额负担，注重行政效率与经济效率，要求税制的区分性。经济效率是指征税应当有利于优化资源配置和经济机制的有效运行，或者至少不能降低资源配置效应或者对经济增长造成严重的阻碍。行政效率是指要尽量减少征税过程中的征纳双方的成本和费用，提高征税效率，节约征收费用，避免给纳税人造成除税费外的额外负担。

7.1.1　我国现行个人所得税制度的公平与效率分析

当前综合与分类相结合的税制模式下，工资薪金、劳务报酬、稿酬等劳动所得采用超额累进税率的综合征收模式。资本所得中，除特许权使用费外的其他所得均采用分类征收模式。不同类型的所得按照不同的费用扣除标准，不同的征税办法以及不同的优惠政策进行纳税，公平与效率均未能充分体现。

第一，当前综合与分类相结合的税制模式无法充分实现横向公平，且不利于居民以公司制企业形式进行创业。从资本所得内部来看，纳税人收入水平相同，来源不同，税负可能不同；纳税人收入水平相同，取得次数不同，税负不同；在各项资本所得中，股息、红利所得的税负最高。假设纳税人取得 10 万元的财产租赁收入，费用扣除率为 20%，无修理修缮费用，如果来源于住房租赁，其纳税额为 0.8 万元；如果来源于机器设备租赁，其纳税额为 1.6 万元；如果来源于普通公司分红，在不考虑与企业所得税重复征税的前提下，其个人所得税纳税额为 2 万元；如果来源于多项所得，纳税额又会不同。

从劳动所得与资本所得的税负比较来看，由于劳动所得税率的累进性与资本利得税率的单一性，在相同且较低的收入水平下，资本利得税负高于劳动所得税负；在相同且中等的收入水平下，资本利得税负与劳动所得税负相当；在相同且较高的收入水平下，资本利得的税负低于劳动所得的税负。我们以工资薪金所得、机器设备租赁所得、个人住房租赁所得以及股息红利所得为例，对资本所得与劳动所得的税负高低问题进行说明。假设纳税人取得工资薪金所得的生计费、专项扣除、专项附加扣除总额为 8 万元；纳税人取得机器设备、住房租赁所得的固定费用扣除与修缮费用金额分别为 800 元和 400 元，全年不间断出租；纳税人取得的股息、红利所得来自非上市公司。在不同收入水平下，4 项所得的纳税额如表 7-1 所示。

表 7-1　　　劳动所得与资本所得不同收入水平的纳税情况　　　单位：元

年收入水平	10000 元	50000 元	100000 元	200000 元	500000 元	760000 元	1000000 元
工资、薪金所得纳税额	0	0	600	9480	73080	152080	236080
机器设备租赁所得纳税额	0	7040	15040	31040	79040	120640	159040

续表

年收入水平	10000 元	50000 元	100000 元	200000 元	500000 元	760000 元	1000000 元
住房租赁所得纳税额	0	3520	7520	15520	39520	60320	79520
股息、红利所得纳税额	2000	10000	20000	40000	100000	152000	200000

可以看出，当收入水平在较低时，资本所得的税负远远高于劳动所得；随着收入水平的提高，累进税制下的工资薪金所得税负逐渐接近并超越资本所得；当收入水平达到 760000 元时，工资薪金所得的税负高于其他几类资本所得。资本利得税负并非一直低于劳动所得。

第二，当前综合与分类相结合的税制模式无法充分实现纵向公平，且制约了社会整体消费水平提高。可能存在高收入者少纳税，低收入者多纳税的税负倒挂情况。低收入者收入的形式较为单一，费用扣除项目少。而高收入者收入形式较为多样，且多为资本所得，其在分类征收模式下可以享受更多的费用扣除，或者将收入在不同项目间调配，具有较大避税空间，可能承担较低的税负，甚至不纳税。此外，在边际消费倾向递减规律的作用下，税负倒挂情况进一步拉大了居民收入差距，降低了社会平均消费倾向。

第三，对资本所得采用分类征收模式无法充分体现效率原则。尽管分类征收模式提高了税收征管效率，但资本所得内部的税负不公可能改变居民的投资行为，降低居民创业意愿，导致资源错配，影响经济效率。在财产租赁、转让所得中，与社会生产关系紧密的机器设备等不断折旧、贬值的财产租赁、转让收入在扣除费用后，按 20% 的税率纳税；而住房的租赁收入适用 10% 的税率，转让收入更是在一定条件下按照 1% ~ 3% 的比率核定征税。个人以公司制企业形式创业，或者投资于非上市公司，取得的股息、红利所得，没有费用扣除，且适用 20% 的税率，在一定程度上降低了创业投资的收益与激励效应。资本所得内部税负的不公使得大量的纳税人将资金投资于对国家科技创新与综合国力提升作用不大的房地产中，扭曲了整个社会的资源配置，造成了经济效率的损失。

第四，个人所得税与企业所得税的重复征税问题未能体现经济效率原则。重复征税是指对同一征税对象实施多次征税或者课征多种税。"营改增"之前，对同一商品或者服务在不同环节征收营业税的行为即属于多次征税；而在公司制企业赚取利润并向股东分红过程中所征收的企业所得税与个人所得税即属于课征多种税。按照我国现行所得税制，个体工商户、个人独资企业、合伙企业均不缴纳企业所得税，直接缴纳个人所得税，不存在重复征收所得税的问题。个人从上市公司、全国中小企业股份转让系统挂牌公司取得的股息、红利，根据持有期限减征或者免征个人所得税，部分或者全部避免了重复征税问题。除此之外，个人取得股息、红利均存在重复征税问题。根据2021年中国统计年鉴，截至2020年底，我国共有2505.55万家法人制企业，其中国有控股及集体控股企业共有47.40万家，私人控股企业为2390.31万家，私人控股企业占比高达95.40%。在2505.55万家法人制企业中，上市公司仅不足5000家，新三板上市公司也只有不到10000家，占比极低，而非上市公司占比超过99%。企业所得税与个人所得税的重复征税问题就成为影响居民以公司制企业作为组织形式进行创业投资的关键因素。一是个人投资企业的经营风险远高于投资房产、储蓄等。二是由于没有任何费用扣除与税收优惠，个人从非上市公司取得的股息、红利所得的税率20%，其税负本就是各项资本所得中最高的。三是股息、红利来源于企业缴纳企业所得税税后的净利润，再次缴纳个人所得税后，税负大幅提高。假定某公司利润总额为pro，企业所得税税率为t_{cit}，个人所得税税率为t_{iit}，其股东最终获取的投资收益为div，则有：

$$div = pro \times (1 - t_{cit}) \times (1 - t_{iit}) \tag{7.1}$$

股息、红利的整体税负tb_{div}为

$$tb_{div} = (pro - div)/pro = 1 - (1 - t_{cit}) \times (1 - t_{iit}) = t_{cit} + t_{iit} - t_{cit}t_{iit} \tag{7.2}$$

据此可以估算各类企业股息、红利的整体税负。纳税人投资于适用 25% 标准企业所得税税率的非上市公司所取得的股息、红利整体税负为 40%，接近劳动所得的最高边际税率；即便是投资于享受 15% 优惠税率的国家重点扶持的高新技术企业，综合税负也达到了 32%。可以看出，重复征税显著增加了股息、红利的所得税负，这必然会降低个人投资收益与投资意愿，增加企业融资成本与财务风险，扭曲资源配置，抑制市场主体活力，最终影响经济发展质量和创新能力的提升。此外，公司制企业的重复征税还会改变投资者对企业组织形式的选择。

7.1.2　公平与效率原则的权衡：效率优先、兼顾公平

公平与效率是税收的两项原则，亦是一对矛盾体，既对立，又统一。一方面，两者是对立的。公平原则强调量能负担，却可能干扰生产与消费决策，影响效率；效率原则则强调税收制度的设计应尽量降低税收成本与纳税人的超额负担，减少对经济活动的干扰，促进资源有效配置和经济增长，但可能破坏公平原则。另一方面，两者又是统一的。只要公平不要效率的税制最终也无法实现公平；只要效率不要公平的税制最终亦无法实现效率。在一定条件下的公平可以促进效率，效率亦可促进公平。

税收制度的设计须对公平与效率原则进行权衡，并取决于具体的国情和政策目标，且可能随着国家经济与社会的发展而发生改变。在我国个人所得税收入占税收收入的比重较低，纳税人占劳动者比例亦较低的现实环境下，其公平原则和收入再分配效应难以充分体现和发挥。未来，对收入差距的调节目标的实现需要个人所得税与消费税、财产税改革以及转移支付等财税政策配合。

与此同时，在我国推动经济转型与高质量发展，全球新冠疫情、经济低迷、贸易保护主义抬头以及百年未有之大变局的多重背景下，

个人所得税对引导居民劳动、消费、生育、教育行为，鼓励创业创新，吸引国内外高层次人才等均可发挥重要作用，故体现税收的效率原则更为重要，因此个人所得税的进一步改革与完善应坚持效率优先，兼顾公平。

7.2　优化居民行为效应的个人所得税改革思路

7.2.1　服务于国家发展战略并立足于现实环境

个人所得税的改革应服务于国家发展战略，以"国民经济和社会发展第十四个五年规划"和"2035年远景目标"为中心，聚焦于激发各类市场主体活力，增加劳动力有效供给，吸引国内外高层次人才，提高居民消费，推动"双创"高质量发展，增强经济发展内生动力，助力双循环与共同富裕等国家发展战略与目标。此外，个人所得税改革还应立足于现实环境。理论上的最优税制不一定是现实中的最优税制，个人所得税制度的完善不仅要考虑效率与公平的实现，还受制于政府治理能力、经济发展水平、税收征管水平、居民税收遵从意愿等诸多因素。

7.2.2　逐步扩大综合征收范围

当前我国个人所得税仅对工资薪金、劳务报酬、稿酬、特许权使用费等所得采用综合征收模式。综合征收的扩围是当前学界关于个人所得税改革的主流观点，同时亦有学者认为"二元"税制是更优选择，还有学者认为在未来一段时间应继续保持当前"分类与综合相结合税制"。本书认为逐步扩大综合征税范围，减少分类征收的项目更为合适。将全部的劳动所得与大部分资本所得纳入综合征收范围，少部分资本所得采用分类征收，区别对待。具体来说，利息、股息、红利所得中的利息应继续分类征收或者实行免税政策，股息、红利所得则并入综合征收范围；财产租赁所得应全部纳入综合征收范围；财产转让所得中的有价证券、股权、股票、机器设备、车船等转让所得应并入综合征收范围，不动产转让继续分类征收。综合的扩围减少了区别对待，促进了公平。同时，不同收入水平的财产租赁、转让以及股息、红利所得适用不同的税率，降低了初创企业、中小企业、业绩不佳企业投资人的个人所得税负担，激励其创业投资行为，提升创业意愿，这也体现了效率原则。此外，大部分资本所得与劳动所得的同等对待，可以抑制投机心理和过热的房产投资，提升居民创业激励，避免投资行为扭曲与资源错配。

7.2.3　以家庭为单位进行纳税申报

居民的消费、劳动供给、创业行为都是基于家庭整体的经济状况、资源、能力等作出的，因此建议以家庭为单位进行个人所得税申报，以更好地体现税收公平与效率原则，也能够更好地激励居民行为。当前以个人为单位进行个人所得税申报的制度使得家庭的税负与家庭纳税能力、经济负担之间不能完全匹配，无法充分体现税收量能负担原则，不利于缩小收入差距，也不利于提升社会平均消费倾向。对于人口构成和收入水平均相同的家庭，当夫妻收入"一高一低"时的家庭纳税额便会高于夫妻收入相当的家庭，无法体现横向公平。对于劳动人口比例和收入水平不同的家庭，还可能出现收入高的家庭纳税额比收入低的家庭纳税额更高的情形，无法体现纵向公平。夫妻或者家庭中的低收入者更可能需要通过参加继续教育、技能培训等提高就业能力，促进职业发展，但较低的个人收入可能使得继续教育专项附加扣除无法起到实际作用，不利于劳动力素质和消费能力的提升。以家庭为单位进行纳税申报，一方面能够改变家庭间的税负不公的状况，促进劳动供给，缩小收入差距，提高社会整体消费水平；另一方面能够更有效地发挥专项附加扣除的效用，降低家庭子女教育、继续教育、养老负担，激励、引导家庭成员的行为。

7.2.4　以宽税基为导向扩大个人所得税覆盖范围

基本减除费用标准的提高大幅减少了个人所得税纳税人数和覆盖范围，限制了个人所得税行为效应的发挥。据估计，在 2018 年我国对《个人所得税法》进行修正后，个人所得税纳税人占城镇就业人员的比例降至 15%①，这意味着 85% 的城镇就业人员无须缴纳个人所得税。在此状况下，个人所得税政策的进一步调整，税率、级距或者专项附加扣除项目的改变都无法对这 85% 的就业人员产生直接的冲击，更难以激励其经济行为。随着我国经济的发展和居民收入水平的进一步提高，未来个人所得税纳税人数和纳税人占就业人数的比例也将呈上升趋势，这将为发挥个人所得税对居民行为的激励效应提供更好的基础。为了能够发挥个人所得税对居民行为的激励效应，建议未来个人所得税改革应当以宽税基为导向，避免进一步提高基本减除费用标准，以保持个人所得税对劳动者的覆盖范围。在此前提下，依据国家经济社会发展相关战略，设置多样化的专项附加扣除项目，更加多维度地、针对性地引导居民行为，实现定向减负目的，并与国家发展战略形成协同效应。

---

①　2018 年 8 月 31 日，在审议通过了《关于修改〈中华人民共和国个人所得税法〉的决定》后，人大常委会办公厅在人民大会堂举行新闻发布会中提到，仅基本费用扣除标准由 3500 元增加至 5000 元一项改革措施就使得个人所得税纳税人占城镇就业人员的比例由 44% 降至 15%。

7.3　优化居民行为效应的具体改革建议

7.3.1　鼓励劳动供给的个人所得税改革建议

前述研究表明，个人所得税改革中，税率的调整、基本减除费用标准的提高、专项附加扣除项目的设立等措施降低了中低收入人群的税负，显著提高了居民的劳动参与率，同时还可在激励居民的人力资本投资以优化劳动供给质量，降低子女生育、养育、教育成本在保障长期劳动供给方面发挥积极的作用。

《国家人口发展规划（2016－2030 年）》提出要增加劳动力有效供给，具体包括提升劳动力质量，挖掘劳动力供给潜能，有效利用国际人才资源等。故基于优化劳动供给视角，立足国家发展战略、人口发展规划和个人所得税制度现状，在前述个人所得税改革思路的基础上，本书进一步从提高劳动供给数量和优化劳动供给质量两个角度提出改革建议。

（1）注重提升劳动供给意愿以提高劳动供给数量。

对于不同收入水平的人群，鼓励劳动供给的策略有所不同。对于中低收入人群，现行个人所得税减税措施可以发挥激励效应，这已在前文的实证检验中得到证实。对于高收入人群中的高层次人才，则应降低其适用的边际税率。对于收入水平在基本减除费用标准以下的低收入人群，则可考虑引入负所得税制度。

首先，降低最高边际税率以吸引国内外高层次人才。《中华人民共和国国民经济和社会发展第十四个五年规划和 2035 年远景目标纲要》提出，到 2035 年实现关键核心技术的重大突破，进入创新型国家前列，同时提出实施人才强国战略。创新的根本是人才，因此，建设"全球人才高地"是实现国家战略目标的重要路径之一。新增长理论认为高层次人才占比很低，但对一国或者地区的经济发展发挥很大作用（郑榕，2001）。同时，高层次人才还具有较强的流动性，更容易出现跨区域，甚至是跨国别的择业行为。

对于绝大多数高层次人才，收入是其进行就业选择的最关键决策因素之一，而个人所得税具有极高的税负感知度，会直接影响纳税人的收入水平。当前我国最高边际税率为45%，与德国、英国等国家相当，高于美国的37%（国家税务总局厦门市税务局课题组，2022）。较高的个人所得税税负直接影响了居民的收入水平，可能导致部分高层次人才流向其他国家或地区，不利于吸引国内外的高水平人才和"全球人才高地"的建设。建议对我国的个人所得税最高税率进行调整，可考虑降低至40%以下，以不高于甚至低于美国、日本、欧洲等世界主要国家或地区的最高边际税率增加对高知识、高技能、高层次人才的吸引力。一方面防止国内人才外流，另一方面吸引国外高层次科技人才。税负的降低还有助于提高这部分人群的劳动积极性，发挥他们在推动国家科技创新中的积极作用。

其次，适时引入负所得税制度以鼓励低收入人群的劳动供给。根据供给需求理论，如果把劳动看作劳动者能够提供的商品，当商品价格（劳动工资率）上涨时，商品（劳动）的供给会增加。根据劳动闲暇理论，工资率的增加会导致收入效应和替代效应，二者共同决定了劳动供给的变化情况。当工资率较低时，替代效应大于收入效应，劳动供给会随工资率的上升而增加。前文关于个人所得税劳动供给效应的实证检验发现，相对于受到个人所得税改革冲击收入增加的人群，未能获得减税收益的低收入人群的劳动参与率更低。

对于收入在基本减除费用标准以下的低收入人群，个人所得税政策的改变无法对其产生直接的冲击，更难以促进其劳动供给行为，适时引入负所得税制度可以弥补这一缺失。负所得税最早由米尔顿·弗里德曼于1962年在其著作《资本主义与自由》中提出。通过负所得税将个人所得税的累进税率结构扩展到低收入阶层，对参加全职工作但收入水平较低，或者经济社会发展关键行业的低收入人群，根据其收入水平给予负所得税性质的补助，可以提高低收入人群的税后工资收入和劳动积极性。负所得税的引入是对社会保障体系的有益补充或者替代，即补贴了低收入劳动者，激励了劳动积极性，提高了经济效率，是促进低收入人群劳动供给的有效手段。

最后，个人所得税改革还可考虑完善子女相关专项附加扣除项目，降低子女生育、养育、教育成本以提高家庭生育意愿，在保障长期劳动供给方面发挥一定作用。生育率的下降严重制约了我国的长期劳动力供给，高昂的子女生育、养育、教育支出是抑制家庭生育意愿的重要因素（章君，2021）。对于生育"二孩""三孩"的家庭，其相应费用支出更会大幅攀升。根据 2017 年全国生育状况抽样调查数据，造成育龄妇女不打算生育的首要因素中，"经济负担重"占比最高，为 58.9%（贺丹等，2018）。2021 年发布的《中共中央 国务院关于优化生育政策促进人口长期均衡发展的决定》将显著降低生育、养育、教育成本，适当提高生育水平，进一步提升人口素质等作为促进我国人口长期均衡发展的主要目标。人口长期均衡发展目标的实现需要包括财政、税收、住房、保险、教育等在内的多方面制度与政策的协调和配合。从个人所得税制度来看，可通过增加和完善子女相关的专项附加扣除政策，在降低子女生育、养育、教育成本，提升生育意愿，配合国家改善人口结构、保障长期劳动供给方面发挥一定作用。具体来说，一是建议在原子女教育专项附加扣除项目的基础上，对育有"二孩""三孩"的家庭给予累进的扣除额度，降低子女教育负担。二是增设子女养育专项附加扣除项目，降低子女养育成本，形成一定的生育激励效应。三是增加生育专项附加扣除项目，在新生儿出生的当年给予其父母或者家庭一次性的专项附加扣除额度，降低生育成本。

（2）注重激励人力资本投资以提高劳动供给质量。

从提高劳动供给质量来看，个人所得税改革应进一步完善继续教育专项附加扣除项目的扣除标准和范围，以激励居民进行人力资本投资。

对于我国劳动力市场的供需矛盾，提高我国劳动力的整体素质和技能，是关键解决途径。而《中国教育现代化 2035》提出推动我国成为学习大国、人力资源强国，并将"建成服务全民终身学习的现代教育体系"作为主要发展目标之一。"全民终身学习"是推动我国劳动力素质和技能提升的重要支撑。

根据前述研究可知，个人所得税制度中继续教育、子女教育专项附加扣除项目的引入能够促进家庭的教育、培训投资，对提高我国劳动力供给质量和人力资本水平，解决劳动市场供需矛盾，促进经济高质量发展与实现人才强国战略方面具有积极作用。当前，继续教育专项附加扣除项目中，每年 4800 元或者 3600 元的继续教育专项附加扣除项目标准相对较低，且比较粗糙，可以考虑进一步细化和完善，以降低劳动者进行自身技能培训、素质提升的成本负担。

首先，考虑提高纳税人参加学历（学位）继续教育的费用扣除额度，或是根据其实际缴纳的学费等相关费用，凭票据实扣除。按照现行个人所得税制度，对于学历（学位）教育，纳税人可享受每月 400 元的标准，而纳税人子女参加全日制学历（学位）教育可享受每月 1200 元的标准。二者扣除标准差距较大，且前者多为非全日制教育，学费标准通常远高于后者。学历（学位）继续教育对提升劳动者的知识和能力十分必要，对劳动者的职业发展也更具有针对性。因此，未来的个人所得税改革应考虑进一步提高纳税人参加学历（学位）继续教育的费用扣除额度，按照不低于全日制学历（学位）教育的标准进行税前扣除。考虑到提供学历（学位）教育的机构主要为财务核算制度健全的高等院校，学历（学位）继续教育也可考虑根据纳税人实际缴纳的学费等相关费用，凭票据实扣除。

其次，建议完善职业资格继续教育专项附加扣除项目。对于职业资格继续教育，纳税人仅可在取得资格证书的当年税前扣除 3600 元。而后期的继续教育使其掌握前沿知识，更新工作技能，保持专业能力的保障，但相关支出不能税前扣除。因此建议增加职业资格继续教育专项附加扣除项目的扣除年限，提高扣除标准，并可根据各类职业资格的等级、特点、费用水平以及我国经济发展现实需要，确定多样化的扣除标准和不同的等级额度。

最后，在实行家庭申报制度之前，允许在整个家庭范围内对教育支出进行扣除。劳动力素质和收入通常成正比，低收入或者无收入的个人往往更需要参加学历（学位）继续教育或者职业资格继续教育。但相应的教育支出可能由于其无收入或者收入水平较低而无法在税前扣除，相应成本可能由其配偶或者父母实际承担。由于我国当前未实行家庭申报制度，因此建议在短期内给予纳税人自主选择家庭内配偶或者父母作为扣除主体的权利，使得继续教育支出的扣除更能够落到实处。从长期来看，则以采用家庭为单位进行纳税申报为宜。

7.3.2 鼓励创业的个人所得税改革建议

基于鼓励居民创业视角，个人所得税改革应关注企业所得税与个人所得税重复征税问题，通过制度调整来降低股息、红利所得的税负，提高居民创业回报。同时还应调整税率结构，促进资本所得内部的横向公平，以避免投资与创业行为的扭曲，提升居民创业意愿。

根据计划行为理论，关于股息、红利所得和经营所得的个人所得税政策会通过影响创业项目的净收益、投资回收期以及创业者的持续投资能力而影响居民的创业行为态度和感知创业行为控制，进而抑制或者促进创业倾向和行为。关于劳动所得的个人所得税政策会通过影响创业资本、机会成本、创业激励而影响居民的创业行为态度、创业主观规范和感知创业行为控制。

通过前文的实证研究发现，工资薪金所得个人所得税税负的降低促进了居民家庭创业行为的发生，但这种促进效应主要体现在低收入人群、东部地区和户主未接受高等教育的家庭样本中。这说明工资薪金所得税税负的降低仅能促进较低层次的创业，对高质量创业创新的促进作用并不明显。对于具备一定资金实力人群的创业行为，或是一定投资规模的创业行为，项目前景、创业回报等因素的作用更为重要。

从配合国家"双创"战略来看，由于工资薪金个人所得税负调整的激励作用不大，经营所得最高 35% 的边际税负并不高。因此，基于鼓励居民创业的视角，个人所得税改革更应关注股息、红利的双重征税问题，以及财产租赁、财产转让、股息、红利所得之间的税负不公问题。

（1）协调企业所得税与个人所得税以减少重复征税。

股息、红利的双重征税是造成我国经济避实就虚，资源配置、企业组织形式、筹资渠道以及个人投资行为扭曲的重要因素，而协调企业所得税与个人所得税政策以避免重复征税，对提升个人投资意愿与收益，促进"大众创业、万众创新"，降低企业融资成本，激发市场主体活力，扩大就业，优化民营经济发展环境至关重要。尽管"法人实体说"与"法人虚拟说"都有其理论依据，对重复征税问题持不同的主张，但各国在现实中往往作出较为折中的选择。采用基于"法人实体说"的古典型所得税制的国家往往给予一定的税收优惠以较少重复征税；采用基于"法人虚拟说"的各种所得税制的国家也不会设计完全无重复的税制。各国对所得税模式的选择也常常随着国内外经济环境的变化而不断演变。如果对股息、红利采用完全的免税政策，可能造成企业过度分配利润，影响其可持续发展；如果继续实行 20% 的比例税率，则不利于居民创业行为的发生和经济社会发展目标的实现。较为可行的办法是采取"综合征收＋部分归集抵免型"所得税模式，即将股息、红利所得纳入个人所得税的综合征收范围，但对已经缴纳的企业所得税进行部分的归集抵免。归集抵免的具体比例可根据经济形势与国家调控目标的需要适时调整。

"综合征收 + 部分归集抵免型"所得税模式具有明显的优势,可以有效提升社会创业投资活力。其优势有三:一是减少了重复征税,提高了投资收益;二是部分的归集抵免使得股息红利仍需承担个人所得税税负,可以避免企业过度分配利润;三是并入综合征收范围后,适用累进税率,投资收益越低,税负越低,重复征税程度也越低,促进了税收公平。

此外,还应统一上市公司与非上市公司的股息、红利的个人所得税政策。一方面,上市公司多具有较强的竞争力、盈利能力与融资能力,经营资金较为宽裕,反而享受了比非上市公司更多优惠,存在显著的不公平;另一方面,当前我国上市公司实行股利免税型所得税模式,如果与归集抵免型所得税模式并行,会造成税制复杂不一与征管上的不便。

(2) 调整税率结构以优化居民创业投资行为。

在前文所述扩大综合征收范围的同时,应同时调整综合征收和分类征收所得的税率结构。

首先,调整分类征收项目的税率,以使不同类型的资本所得适用不同的税率和税负,形成对纳税人的创业投资行为的引导效应。一是不动产转让所得应适用累进税率。不动产投资的收益远高于创业、创新,吞噬了大量社会资本,严重扭曲了居民的劳动供给与创业行为。建议根据不动产持有期限适用不同税率,并根据所得金额设置20%、30%、40%的累进税率。二是对居民取得的各项存款利息、国债以及国家发行的金融债券利息继续适用零税率。低收入人群收入多为劳动所得,利息所得较少且来源单一,多是为了未来生活支出而采取的简单投资方式,投资收益较低,如果再考虑资金时间价值与通货膨胀因素,存款利息实际收益为负;高收入人群投资方式较为多样,投资收益较高,储蓄利息较少。因此建议《个人所得税法》明确储蓄存款利息使用零税率。

其次，调整综合所得税率结构。将财产租赁、股息、红利等多项资本所得并入综合征收范围后，建议对综合所得税率、级距进行相应调整。一是增大各级税率之间的级距；二是降低最高边际税率。建议将综合所得税率、级距与经营所得税率、级距逐步趋同，促进横向公平，同时减少避税行为。

7.3.3 鼓励消费的个人所得税改革建议

基于鼓励消费视角，在前述改革思路的基础上，个人所得税改革还应注重提高中低收入人群收入以提高居民平均消费倾向，同时还可考虑调整减税方式以增强居民消费意愿。

（1）提高中低收入人群收入以提高居民平均消费倾向。

根据现代消费理论，家庭收入水平对消费具有决定意义。收入越高，消费支出也会越高，但边际消费倾向会逐渐越低。相对于高收入人群，中低收入人群的边际消费倾向更高，消费潜力更大。

前文的实证结论显示，个人所得税减税显著促进了居民家庭的总消费支出和生存型消费支出，对发展享受型消费支出的影响并不显著。这说明我国工薪家庭在衣物、食品等基本生活方面的消费需求尚未得到充分满足与释放。因此，我国居民的生存型消费支出的潜力是巨大的，而发展享受型消费支出的潜力会更大。

由于中低收入人群的边际消费倾向高于高收入人群，因此提高我国居民平均消费倾向的关键在于提高中低收入人群的收入水平。基于此，未来的个人所得税改革应以增加中低收入家庭的收入，促进就业，刺激居民消费为导向。可行的改革措施包括：通过提高居民家庭的劳动素质、技能和家庭就业人数而提高收入水平；通过个人所得税与房产税、消费税等税种联动提高我国税制的再分配能力；在不提高基本减除费用标准的基础上，考虑设立商业保险、耐用品消费相关的专项附加扣除项目，既能降低中低收入家庭的税负，进一步提高消费能力，又可促进居民家庭社会保障水平的提高以及消费意愿的提升。

（2）调整减税方式以增强居民消费意愿。

根据前述行为经济学心理账户理论，人们通过对自己的收入、支出、资金、财产等进行分类、编码、记录进而允许分开进行决策。对于同样数额的两笔资金，如果来源不同，所属的心理账户类型便可能不同，边际消费倾向也会不同。为了使减税政策能够达到更好的消费刺激效应，结合我国当前在个人所得税征收上实行预扣预缴与汇算清缴的征收制度，可以考虑通过设置不同的预扣预缴比例与减税方式将个人所得税减税收益在纳税人处形成有益于扩大消费的心理账户。首先，可考虑调整预扣预缴的比例和汇算清缴退税额度，以调整纳税人不同心理账户上的发生额和余额。其次，未来的个人所得税减税可更多地通过税收返还或者退税的形式进行。比如，当调整提高了基本减除费用标准、增加了专项附加扣除等税前扣除项目时，可考虑将新增减税措施后置于汇算清缴环节。对于同样数额的减税收益，"预扣预缴税额的直接减少"和"预扣预缴税额不变但居民获得税收返还或者退税"两种方式下，纳税人的心理核算过程会不相同。对于前者，纳税人会将减税收益视为劳动收入，对于后者，纳税人则会将其视为意外收入，获得感更强，消费倾向也会更高。

主要参考文献

［1］蔡昉，王美艳．中国城镇劳动参与率的变化及其政策含义［J］．中国社会科学，2004（4）．

［2］陈斌开，陈琳，谭安邦．理解中国消费不足：基于文献的评述［J］．世界经济，2014，37（7）．

［3］陈金池．刺激居民消费的税收政策探讨［J］．涉外税务，2010（10）．

［4］程杰．养老保障的劳动供给效应［J］．经济研究，2014，49（10）．

［5］程郁，罗丹．信贷约束下农户的创业选择——基于中国农户调查的实证分析［J］．中国农村经济，2009（11）．

［6］程子健，张俊瑞．交叉上市、股权性质与企业现金股利政策——基于倾向得分匹配法（PSM）的分析［J］．会计研究，2015（7）．

［7］储德银，闫伟．税收政策与居民消费需求——基于结构效应视角的新思考［J］．经济理论与经济管理，2012（3）．

［8］崔亚飞，周荣，王婷．行为财政学视角下的税收遵从研究——理论拓展、方法创新与影响因素［J］．税务研究，2019（9）．

［9］邓子基，李永刚．最优所得税理论与我国个人所得税的实践［J］．涉外税务，2010（2）．

［10］郝联峰．西方税收归宿理论：趋势与述评［J］．涉外税务，2000（5）．

［11］董再平．税收和就业的经济学分析［J］．税务研究，2008（2）．

［12］段文婷，江光荣．计划行为理论述评［J］．心理科学进展，2008（2）．

［13］方福前．中国居民消费需求不足原因研究——基于中国城乡分省数据［J］．中国社会科学，2009（2）．

［14］方重，梅玉华．税收优惠促进就业的效应探析［J］．税务研究，2008（2）．

［15］冯海波，蔡阳．工资薪金所得税负降低不利于个体创业——2011年个人所得税改革背景下的双重差分分析［J］．地方财政研究，2021（7）．

［16］冯海波，周懿．税收负担与中小企业创业活跃度——基于省级面板数据的分析［J］．税务研究，2019（2）．

［17］冯楠，韩树煜，陈治国．人口老龄化背景下个人所得税改革对劳动供给的影响［J］．税务与经济，2021（5）．

［18］付强，廖益兴．个人所得税改革、企业劳动力成本变化与劳动力雇佣［J］．湖北经济学院学报，2021，19（6）．

［19］盖庆恩，朱喜，史清华．财富对创业的异质性影响——基于三省农户的实证分析［J］．财经研究，2013，39（5）．

［20］谷成，张洪涛．税收与居民消费：现代国家治理的思考［J］．税务研究，2018（12）．

［21］郭策策，海鹏．上市公司税收负担与流动人口创业——基于流动人口监测数据的实证研究［J］．税收经济研究，2020，25（3）．

［22］郭佩霞，杨苑誉．化解我国就业困境的税收政策探究［J］．税务研究，2014（8）．

［23］郭月梅，赵明洁．行为经济学视角下的个人所得税遵从探析［J］．税务研究，2021（6）．

［24］国家税务总局厦门市税务局课题组，黄英，陈志阳，付景红．进一步优化综合与分类相结合个人所得税的对策建议［J］．税务研究，2022（2）．

［25］贺丹，张许颖，庄亚儿，等．2006～2016 年中国生育状况报告——基于 2017 年全国生育状况抽样调查数据分析［J］．人口研究，2018，42（6）．

［26］黄梦琪，金钟范．女性受教育程度如何影响家庭消费——来自 CHFS 的经验证据［J］．山西财经大学学报，2022，44（2）．

［27］黄晓虹．个人所得税改革、消费刺激与再分配效应——基于 PSM 方法［J］．中国经济问题，2018（5）．

［28］计金标，应涛，刘建梅．提振国内居民消费、促进"双循环"的税收政策研究［J］．税务研究，2020（11）．

［29］金剑．我国人口劳动力参与率影响因素的实证分析（1978～2001 年）［J］．河北经贸大学学报，2004（2）．

［30］金烨，李宏彬，吴斌珍．收入差距与社会地位寻求：一个高储蓄率的原因［J］．经济学（季刊），2011，10（3）．

［31］李俊霖．宏观税负、财政支出与经济增长［J］．经济科学，2007（4）．

［32］李普亮，郑旭东．税收负担、财政民生投入与城镇居民消费［J］．税务与经济，2014（1）．

［33］李文．公平还是效率：2019 年个人所得税改革效应分析［J］．财贸研究，2019，30（4）．

［34］李文．税收负担对城镇居民消费的影响［J］．税务研究，2011（2）．

［35］李香菊，赵兰兵，赵博．税收对我国城乡居民消费水平和结构的影响［J］．税务研究，2015（9）．

［36］李香菊，周丽珠．扩大我国居民消费的税收政策研究——基于税收对消费影响的实证分析［J］．财贸经济，2013（2）．

［37］李颖. 促进就业创业的税收激励机制研究［J］. 税务研究，2017（10）.

［38］廖楚晖，魏贵和. 个人所得税对我国城镇居民收入与消费的影响［J］. 税务研究，2013（9）.

［39］廖信林，吴友群，王立勇. 宏观税负、税制结构调整对居民消费的影响：理论与实证分析［J］. 财经论丛，2015（6）.

［40］林嵩，姜彦福. 创业活动为何发生：创业倾向迁移的视角［J］. 中国工业经济，2012（6）.

［41］刘厚莲. 世界和中国人口老龄化发展态势［J］. 老龄科学研究，2021，9（12）.

［42］刘建民，毛军，王蓓. 税收政策影响居民消费水平的区域效应研究——基于省级面板数据的分位数回归分析［J］. 财经理论与实践，2015，36（2）.

［43］刘利利，刘洪愧. 个人所得税改革与家庭教育支出——兼论教育负担与教育差距［J］. 经济科学，2020（1）.

［44］刘蓉，汤云鹏，赵岭晓. 个人所得税改革对中老年劳动力供给的影响研究——基于 CHARLS 的面板数据［J］. 北京大学学报（哲学社会科学版），2019，56（5）.

［45］刘溶沧，马拴友. 论税收与经济增长——对中国劳动、资本和消费征税的效应分析［J］. 中国社会科学，2002（1）.

［46］刘怡，聂海峰，邢春冰. 个人所得税费用扣除调整的劳动供给效应［J］. 财贸经济，2010（6）.

［47］龙莹，袁嫚. 隔代照料对中老年人劳动参与的影响——基于中国健康与养老追踪调查的实证分析［J］. 南京财经大学学报，2019（4）.

［48］卢亚娟，张龙耀，许玉韫. 金融可得性与农村家庭创业——基于 CHARLS 数据的实证研究［J］. 经济理论与经济管理，2014（10）.

［49］栾福明，王雨佳，韩平飞．完善支持大众创业的税收政策探讨［J］．经济纵横，2016（2）．

［50］罗昌财，宋生瑛．论企业所得税与个人所得税的协同［J］．税务研究，2016（8）．

［51］罗明忠，罗琦．家庭禀赋对农民创业影响研究［J］．经济与管理评论，2016，32（5）．

［52］罗晰文．西方消费理论发展演变研究［D］．大连：东北财经大学，2014．

［53］骆祖春．促进创业投资发展的税收激励政策探讨［J］．科技管理研究，2007（2）．

［54］吕冰洋，郭雨萌．税收原则发挥与共同富裕——基于国民收入循环框架分析［J］．税务研究，2022（4）．

［55］马蔡琛，隋宇彤．社会性别视野中的个人所得税改革［J］．华南师范大学学报（社会科学版），2017（4）．

［56］马国强．论个人所得税基本模式［J］．税务研究，2013（9）．

［57］缪慧星，柳锐．增值税、消费税和个人所得税对社会消费冲击的动态效应［J］．税务研究，2012（8）．

［58］那艺，贺京同．行为经济学的兴起及其与新古典经济学关系的演变［J］．中国社会科学，2019（5）．

［59］钱龙，冷智花，付畅俭．人口老龄化对居民家庭创业行为的影响——来自CFPS的经验证据［J］．改革，2021（6）．

［60］秦秋红，冉艳．人口素质对劳动参与率影响的实证分析［J］．西北农林科技大学学报（社会科学版），2011，11（4）．

［61］苏启林，隋广军．基于创业投资资本利得的税收激励政策研究［J］．中央财经大学学报，2004（8）．

［62］苏启林．创业投资与资本利得税政策设计［J］．暨南学报（哲学社会科学版），2003（2）．

[63] 苏启林.世界各国或地区创业投资产业税收激励政策分类比较及启示 [J].涉外税务，2002 (6).

[64] 孙楚仁，王松，江慧.贸易自由化会促进个体创业吗 [J].财贸经济，2020，41 (6).

[65] 唐琦，夏庆杰，李实.中国城市居民家庭的消费结构分析：1995—2013 [J].经济研究，2018，53 (2).

[66] 万相昱，唐亮，张晨.家庭收入和教育支出的关联分析——基于中国城镇住户调查数据的研究 [J].劳动经济研究，2017，5 (3).

[67] 王金营，李竞博，石贝贝，等.医疗保障和人口健康状况对大城市劳动供给影响研究——以深圳市为例 [J].人口与经济，2014 (4).

[68] 王首元，孔淑红.新最优所得税模型探索：基于比例效用理论视角 [J].财经研究，2013，39 (5).

[69] 王鑫，吴斌珍.个人所得税起征点变化对居民消费的影响 [J].世界经济，2011，34 (8).

[70] 王秀燕，董长瑞，靳卫东.个人所得税改革与居民消费：基于准实验研究 [J].管理评论，2019，31 (2).

[71] 王玉晓，陶春海，郭同济.政府卫生支出、个人所得税和消费税如何影响居民消费——基于 TSLS 和 LIML 的工具变量估计 [J].税务研究，2020 (4).

[72] 王震.我国当前阻碍创业或投资的税收制度研究 [J].湖南社会科学，2013 (6).

[73] 温桂荣，黄纪强，崔若男，等.税收负担对城乡居民消费的门槛效应分析 [J].经济地理，2020，40 (1).

[74] 吴群锋，蒋为.最低工资会抑制创业吗？——基于中国微观数据的实证研究 [J].产业经济研究，2016 (6).

[75] 吴辉航，刘小兵，季永宝.减税能否提高企业生产效

率？——基于西部大开发准自然实验的研究 [J]. 财经研究，2017，43（4）.

[76] 吴小强，王海勇. 新常态下促进就业的所得税政策目标取向 [J]. 税务研究，2017（10）.

[77] 谢芬芳. 公平视角下我国个人所得税改革研究 [J]. 湖南行政学院学报，2020（1）.

[78] 徐全红. 我国税收政策对居民消费影响的实证分析 [J]. 财政研究，2013（2）.

[79] 徐润，陈斌开. 个人所得税改革可以刺激居民消费吗？——来自2011年所得税改革的证据 [J]. 金融研究，2015（11）.

[80] 许文，王敏. 税收与就业问题思考 [J]. 税务研究，2003（10）.

[81] 薛钢，曹晓青，李淑瑞. 我国税收负担水平对社会创新创业影响的实证分析 [J]. 财政监督，2019（8）.

[82] 鄢秋红. 税收对就业的影响及其政策研究 [J]. 辽宁经济，2007（1）.

[83] 叶菁菁，吴燕，陈方豪，等. 个人所得税减免会增加劳动供给吗？——来自准自然实验的证据 [J]. 管理世界，2017（12）.

[84] 尹音频，杨晓妹. 劳动供给对个人所得税改革敏感吗——基于微观模拟的动态分析 [J]. 财经科学，2013（10）.

[85] 尹志超，张诚. 女性劳动参与对家庭储蓄率的影响 [J]. 经济研究，2019，54（4）.

[86] 于洪. 我国个人所得税税负归宿与劳动力供给的研究 [J]. 财经研究，2004（4）.

[87] 余显才. 所得税劳动供给效应的实证研究 [J]. 管理世界，2006（11）.

[88] 余泳泽，张少辉，杨晓章. 税收负担与"大众创业、万众创新"——来自跨国的经验证据 [J]. 经济管理，2017，39（6）.

［89］袁建国，胡明生，陶伟. 国外个人所得税改革趋势及借鉴［J］. 税务研究，2017（7）.

［90］詹鹏，张玄. 最近一轮个人所得税改革的消费升级效果［J］. 湘潭大学学报（哲学社会科学版），2022，46（3）.

［91］张川川. 子女数量对已婚女性劳动供给和工资的影响［J］. 人口与经济，2011（5）.

［92］张大永，曹红. 家庭财富与消费：基于微观调查数据的分析［J］. 经济研究，2012，47（S1）.

［93］张俊艳，赵薇，雷玲. 合作创新能否提升专利质量？——基于PSM与回归分析的实证研究［J］. 天津大学学报（社会科学版），2020，22（3）.

［94］张龙耀，杨军，张海宁. 金融发展、家庭创业与城乡居民收入——基于微观视角的经验分析［J］. 中国农村经济，2013（7）.

［95］章君. "三孩政策"背景下促进人口长期均衡发展的财税政策研究——基于生育、养育、教育视角［J］. 税收经济研究，2021，26（5）.

［96］张世伟，周闯. 工薪所得税减除费用标准提升的作用效果：基于劳动供给行为微观模拟的研究途径［J］. 世界经济，2010，33（2）.

［97］张世伟，周闯，万相昱. 个人所得税制度改革的劳动供给效应——基于自然实验的研究途径［J］. 吉林大学社会科学学报，2008（4）.

［98］张涛，刘洁. 中国个人所得税改革对城镇居民消费的影响［J］. 黑龙江社会科学，2015（6）.

［99］张玄，岳希明. 新一轮个人所得税改革的收入再分配效应研究——基于CHIP 2018的测算分析［J］. 财贸经济，2021，42（11）.

［100］张翼. 当前中国社会各阶层的消费倾向——从生存性消

费到发展性消费 [J]. 社会学研究, 2016, 31 (4).

[101] 张振卿. 个人所得税、城镇居民收入与消费关系实证研究 [J]. 税务与经济, 2010 (2).

[102] 赵艾凤, 王好. 个人所得税对人力资本积累的影响: 作用机制与效应检验 [J]. 中国人力资源开发, 2020, 37 (6).

[103] 郑榕. 人力资源国际流动的税收政策 [J]. 税务研究, 2001 (5).

[104] 郑学步, 薛畅. 个人所得税改革对纳税人遵从行为的影响——基于倾向得分匹配方法的实证分析 [J]. 税务研究, 2020 (9).

[105] 周祝平, 刘海斌. 人口老龄化对劳动力参与率的影响 [J]. 人口研究, 2016, 40 (3).

[106] 朱晨, 杨晔. "啃老" 还是 "反哺"? ——老年抚养对子女创业决策的双重影响 [J]. 经济科学, 2018 (5).

[107] 朱仁宏. 创业研究前沿理论探讨——定义、概念框架与研究边界 [J]. 管理科学, 2004 (4).

[108] 朱为群, 陶瑞翠. 中国个人所得税的公平分析 [J]. 经济与管理评论, 2015, 31 (6).

[109] Agarwal S, Liu C, Souleles N S. The reaction of consumer spending and debt to tax rebates—evidence from consumer credit data [J]. Journal of Political Economy, 2007, 115 (6).

[110] Ajzen I. From intentions to actions: A theory of planned behavior [M]. Springer, Berlin, Heidelberg, 1985.

[111] Ajzen, I. Nature and Operation of Attitudes [J]. Annual Review of Psychology, 2001, (52).

[112] Ajzen, I. The Theory of Planned Behavior [J]. Organisational Behavior and Human Decision Processes, 1991, 50 (2).

[113] Akerlof G A. Labor contracts as partial gift exchange [J]. The quarterly journal of economics, 1982, 97 (4).

［114］ Aziz J, Cui L. Explaining China's low consumption: the neglected role of household income ［R］. IMF Working Paper. Available at SSRN 1007930, 2007.

［115］ Baliamoune – Lutz M, Garello P. Tax structure and entrepreneurship ［J］. Small Business Economics, 2014, 42 (1).

［116］ Banerjee A V, Newman A F. Occupational choice and the process of development ［J］. Journal of Political Economy, 1993, 101 (2).

［117］ Baumol, W. J. Entrepreneurship: Productive, Unproductive, and Destructive ［J］. Journal of Political Economy, 1990, 98 (5).

［118］ Bennmarker H, Mellander E, Öckert B. Do regional payroll tax reductions boost employment? ［J］. Labour Economics, 2009, 16 (5).

［119］ Bird R M, Zolt E M. The limited role of the individual income tax in developing countries ［J］. Journal of Asian Economics, 2005, 16 (6).

［120］ Bloom D E, Canning D, Fink G, et al. Fertility, female labor force participation, and the demographic dividend ［J］. Journal of Economic growth, 2009, 14 (2).

［121］ Blundell R, MaCurdy T. Labor supply: A review of alternative approaches ［J］. Handbook of labor economics, 1999, 3.

［122］ Borjas G J. The relationship between wages and weekly hours of work: The role of division bias ［J］. The Journal of Human Resources, 1980, 15 (3).

［123］ Börsch – Supan A. Incentive effects of social security on labor force participation: evidence in Germany and across Europe ［J］. Journal of public economics, 2000, 78 (1 – 2).

［124］ Bound J, Stinebrickner T, Waidmann T. Health, economic resources and the work decisions of older men [J]. Journal of econometrics, 2010, 156 (1).

[125] Browning M, Collado M D. The response of expenditures to anticipated income changes: panel data estimates [J]. American Economic Review, 2001, 91 (3).

[126] Bruce D, Deskins J. State tax policy and entrepreneurial activity [R]. US Small Business Administration's Office of Advocacy. Small Business Research Summary, 2011. No. 284.

[127] Bruce D, Liu X, Murray M N. State tax policy and entrepreneurship [J]. National Tax Journal, 2015, 68 (3S).

[128] Bygrave W D, Timmons J. Venture capital: predictions and outcomes. Venture Capital at the Crossroads and Realizing Investment Value revisited [J]. Chapters, 1999.

[129] Carroll C D. A theory of the consumption function, with and without liquidity constraints [J]. Journal of Economic perspectives, 2001, 15 (3).

[130] Charles K K, Hurst E. The correlation of wealth across generations [J]. Journal of political Economy, 2003, 111 (6).

[131] Chen B L, Lu C H. Optimal factor tax incidence in two-sector human capital-based models [J]. Journal of Public Economics, 2013, 97.

[132] Chetty R, Looney A, Kroft K. Salience and taxation: Theory and evidence [J]. American economic review, 2009, 99 (4).

[133] Clingingsmith D, Shane S. How individual income tax policy affects entrepreneurship [J]. Fordham L. Rev, 2015, 84.

[134] Costa R, Datta N, Machin S, et al. Investing in people: The case for human capital tax credits [R]. CEP Industrial Strategy Working Paper, London School of Economics, February, 2018.

［135］ Cullen J B, Gordon R H. Taxes and entrepreneurial risk-taking: Theory and evidence for the US ［J］. Journal of Public Economics, 2007, 91 (7－8).

［136］ Da Rin M, Hellmann T, Puri M. A survey of venture capital research ［M］//Handbook of the Economics of Finance. Elsevier, 2013, 2.

［137］ Davis S J, Henrekson M. Tax effects on work activity, industry mix and shadow economy size: Evidence from rich-country comparisons ［R］. Ratio Working Papers, 2004 (53).

［138］ Duesenberry J S. Income, saving, and the theory of consumer behavior ［M］. Harvard University Press, 1949.

［139］ Edgeworth F Y. The pure theory of taxation ［J］. The Economic Journal, 1897, 7 (25).

［140］ Ehrenberg R G, Smith R S, Hallock K F. Modern labor economics: Theory and public policy ［M］. New York: Addison－Wesley, 2021.

［141］ Eissa N, Hoynes H W. Taxes and the labor market participation of married couples: the earned income tax credit ［J］. Journal of public Economics, 2004, 88 (9－10).

［142］ Eissa N, Liebman J B. Labor supply response to the earned income tax credit ［J］. The quarterly journal of economics, 1996, 111 (2).

［143］ Eissa N. Taxation and labor supply of married women: the Tax Reform Act of 1986 as a natural experiment ［J］. NBER Working Paper, 1995 (No. 5023).

［144］ Ellsberg D. The crude analysis of strategy choices ［J］. The American Economic Review, 1961, 51 (2).

［145］ Evans D S, Jovanovic B. An estimated model of entrepreneurial choice under liquidity constraints ［J］. Journal of political economy,

1989，97（4）.

［146］Ferede E. Entrepreneurship and individual income tax：evidence from Canadian provinces ［J］. Small Business Economics，2019，56（4）.

［147］Ferede E. Tax progressivity and self-employment：evidence from Canadian provinces ［J］. Small Business Economics，2013，40（1）.

［148］Fölster S. Do lower taxes stimulate self-employment? ［J］. Small Business Economics，2002，19（2）.

［149］Friedman M. National Bureau of economic research：a theory of the consumption function ［J］. Princeton University Press，1957.

［150］Friedman M. Theory of the consumption function ［M］. Princeton university press，2018.

［151］Garrett T A，Wall H J. Creating a policy environment for entrepreneurs ［J］. Cato J. ，2006，26.

［152］Gartner W B. A conceptual framework for describing the phenomenon of new venture creation ［J］. Academy of management review，1985，10（4）.

［153］Gentry W M，Hubbard R G. Tax policy and entry into entrepreneurship ［J］. American Economic Review，2000，90（2）.

［154］George J F. The theory of planned behavior and Internet purchasing ［J］. Internet research，2004，14（3）.

［155］Gersbach H，Schetter U，Schneider M T. Taxation, innovation and entrepreneurship ［J］. The Economic Journal，2019，129（620）.

［156］Gordon R，Cullen J. Taxes and Entrepreneurial Activity：Theory and Evidence for the US ［R］. National Bureau of Economic Research，Inc，2002.

［157］Gurley-Calvez，T. ，& Bruce，D. Do tax rate cuts encourage entrepreneurial entry? ［J］. Journal of Entrepreneurship and Public Policy, 2013, 2 (2).

[158] Gustafsson S. Separate taxation and married women's labor supply [J]. Journal of population economics, 1992, 5 (1).

[159] Hansson Å. Tax policy and entrepreneurship: empirical evidence from Sweden [J]. Small Business Economics, 2012, 38 (4).

[160] Hansson A. The wealth tax and entrepreneurial activity [J]. The Journal of Entrepreneurship, 2008, 17 (2).

[161] Hausman J A, Ruud P. Family labor supply with taxes [J]. American Economic Review, 1984, 74 (2).

[162] Hungerbühler M, Lehmann E, Parmentier A, et al. Optimal redistributive taxation in a search equilibrium model [J]. The Review of Economic Studies, 2006, 73 (3).

[163] Hurst E, Lusardi A. Liquidity constraints, household wealth, and entrepreneurship [J]. Journal of political Economy, 2004, 112 (2).

[164] İmrohoroğlu S, Kitao S. Labor supply elasticity and social security reform [J]. Journal of Public Economics, 2009, 93 (7−8).

[165] Johnson D S, Parker J A, Souleles N S. Household expenditure and the income tax rebates of 2001 [J]. American Economic Review, 2006, 96 (5).

[166] Kahneman D, Knetsch J L, Thaler R H. Fairness and the assumptions of economics [J]. Journal of business, 1986.

[167] Kahnemann D. Tversky A. Prospect theory: An analysis of decision under risk [J]. Econometrica, 1979, 47.

[168] Karaivanov A. Financial constraints and occupational choice in Thai villages [J]. Journal of Development Economics, 2012, 97 (2).

[169] Keuschnigg C, Nielsen S B. Start-ups, venture capitalists, and the capital gains tax [J]. Journal of Public Economics, 2004, 88 (5).

［170］Keuschnigg C, Nielsen S B. Taxation and venture capital backed entrepreneurship ［J］. International Tax and Public Finance, 2004, 11（4）.

［171］Keynes, J. M. General Theory of Employment, Interest and Money ［M］. Atlantic Publishers and Dist, 2006.

［172］Kitao S. Entrepreneurship, taxation and capital investment ［J］. Review of Economic Dynamics, 2008, 11（1）.

［173］Korkeamäki O, Uusitalo R. Employment and wage effects of a payroll-tax cut—evidence from a regional experiment ［J］. International Tax and Public Finance, 2009, 16（6）.

［174］Krueger A B, Pischke J S. The effect of social security on labor supply: A cohort analysis of the notch generation ［J］. Journal of labor economics, 1992, 10（4）.

［175］Laibson D. Golden eggs and hyperbolic discounting ［J］. The Quarterly Journal of Economics, 1997, 112（2）.

［176］Laitner J, Silverman D. Consumption, retirement and social security: Evaluating the efficiency of reform that encourages longer careers ［J］. Journal of public economics, 2012, 96（7-8）.

［177］LaLumia S. The effects of joint taxation of married couples on labor supply and non-wage income ［J］. Journal of Public Economics, 2008, 92（7）.

［178］Lazear E. Entrepreneurship ［J］. Journal of Labor Economics, 2005, 23（4）.

［179］Lehmann E, Lucifora C, Moriconi S, et al. Beyond the labour income tax wedge: the unemployment-reducing effect of tax progressivity ［J］. International Tax and Public Finance, 2016, 23（3）.

［180］Lewis J. Gender and the development of welfare regimes ［J］. Journal of European social policy, 1992, 2（3）.

［181］ Low M B，MacMillan I C. Entrepreneurship：Past research and future challenges ［J］. Journal of management，1988，14（2）.

［182］ McCaffery，Edward J. ，Joel Slemrod，et al. Behavioral public finance ［M］. Russell Sage Foundation，2006.

［183］ Mertens K，Ravn M O. The dynamic effects of personal and corporate income tax changes in the United States ［J］. American economic review，2013，103（4）.

［184］ Mirrlees J A. An exploration in the theory of optimum income taxation ［J］. The review of economic studies，1971，38（2）.

［185］ Modigliani F，Brumberg R. Utility analysis and the consumption function：An interpretation of cross-section data ［J］. Franco Modigliani，1954，1（1）.

［186］ Modigliani F，Brumberg R. Utility analysis and the consumption function：An interpretation of cross-section data ［M］//F. Modigliani. The Collected Papers of Franco Modigliani，MIT Press，1954.

［187］ Newman A. Risk - Brearing and "Knightian" Entrepreneurship ［J］. Department of Economics Working Paper，Columbia University，1995.

［188］ Oshio T，Oishi A S，Shimizutani S. Social security reforms and labour force participation of the elderly in Japan ［J］. The Japanese economic review，2011，62（2）.

［189］ Poterba J M. Capital gains tax policy toward entrepreneurship ［J］. National tax journal，1989，42（3）.

［190］ Prescott E C. Why do Americans work so much more than Europeans? ［J］. Federal Reserve Bank of Minneapolis Quarterly Review，2004，28（1）.

［191］ Robson M T，Wren C. Marginal and average tax rates and the incentive for self-employment ［J］. Southern Economic Journal，1999，65

(4).

［192］Rosenbaum, P. R., and Rubin, D. B. The Central Role of the Propensity Score in Observational Studies for Causal Effects ［J］. Biometrika, 1983, 70 (1).

［193］Sabia J J, Burkhauser R V. Minimum wages and poverty：will a ＄9. 50 Federal minimum wage really help the working poor? ［J］. Southern Economic Journal, 2010, 76 (3).

［194］Samuelson W, Zeckhauser R. Status quo bias in decision making ［J］. Journal of risk and uncertainty, 1988, 1 (1).

［195］Sasaki H, Matsuyama J, Sako K. The macroeconomic effects of the wage gap between regular and non-regular employment and of minimum wages ［J］. Structural Change and Economic Dynamics, 2013, 26.

［196］Schuetze H J. Taxes, economic conditions and recent trends in male self-employment：a Canada – US comparison ［J］. Labour Economics, 2000, 7 (5).

［197］Schultz T P, Tansel A. Measurement of returns to adult health：Morbidity effects on wage rates in Côte d'Ivoire and Ghana ［M］. Washinton D. C. ：World Bank, 1993.

［198］Seade J K. On the shape of optimal tax schedules ［J］. Journal of public Economics, 1977, 7 (2).

［199］Şen H, Kaya A. Taxes and private consumption expenditures：a component-based analysis for Turkey ［J］. Turkish Studies, 2016, 17 (3).

［200］Shane S, Venkataraman S. The promise of entrepreneurship as a field of research ［J］. Academy of management review, 2000, 25 (1).

［201］Shapiro M D, Slemrod J. Consumer response to tax rebates ［J］. American Economic Review, 2003, 93 (1).

［202］Shapiro M D, Slemrod J. Did the 2008 tax rebates stimulate spending？［J］. American Economic Review, 2009, 99（2）.

［203］ Sheshinski E. The optimal linear income-tax ［J］. The Review of Economic Studies, 1972, 39（3）.

［204］ Simon H A. Rational choice and the structure of the environment ［J］. Psychological review, 1956, 63（2）.

［205］ Souleles N S. Consumer response to the Reagan tax cuts ［J］. Journal of Public Economics, 2002, 85（1）.

［206］ Stantcheva S. Optimal taxation and human capital policies over the life cycle ［J］. Journal of Political Economy, 2017, 125（6）.

［207］ Stern N H. On the specification of models of optimum income taxation ［J］. Journal of Public economics, 1976, 6（1 – 2）.

［208］ Thaler R. Mental accounting and consumer choice ［J］. Marketing science, 1985, 4（3）.

［209］ Thaler R. Toward a positive theory of consumer choice ［J］. Journal of economic behavior & organization, 1980, 1（1）.

［210］ Triest R K. The effect of income taxation on labor supply in the United States ［J］. Journal of Human Resources, 1990.

［211］ Trostel P A. The effect of taxation on human capital ［J］. Journal of political Economy, 1993, 101（2）.

［212］ Wen J F, Gordon D V. An empirical model of tax convexity and self-employment ［J］. Review of Economics and Statistics, 2014, 96（3）.

［213］ Wessels W J. Does the minimum wage drive teenagers out of the labor force？ ［J］. Journal of Labor Research, 2005, 26（1）.

［214］ Wilkinson R G, Pickett K E. Income inequality and social dysfunction ［J］. Annual review of sociology, 2009.

［215］ Zhang J, Zhao Z. Social-family network and self-employment：evidence from temporary rural-urban migrants in China ［J］. IZA Journal of

Labor & Development, 2015, 4 (1).

[216] Zhao L, Burge G. Housing wealth, property taxes, and labor supply among the elderly [J]. Journal of Labor Economics, 2017, 35 (1).

[217] Ziliak J P, Kniesner T J. The effect of income taxation on consumption and labor supply [J]. Journal of Labor Economics, 2005, 23 (4).